「自分が嫌い」と思ったら読む本

心理カウンセラー
和田由里子

はじめに

「あなたは、そのままのあなたで、かけがえのない大切な存在です」

この言葉に、あなたは「うんうん。そのとおり」と思えますか？

思えるなら嬉しいです。これからも自分を大事にしてくださいね。

でも、もし「そう思えない」「意味がよくわからない」のなら、ぜひ、この本を読んでください。

あなたに、あなた自身の大切さをわかってほしくて、ただそれを伝えたくて、私はこの本を書きました。

あなたの代わりができる人は、どこにもいません。

過去も未来も、気が遠くなるほど無限の時間が続いていますが、何億年さかのぼっても、何兆年未来に行っても、あなたと同じ人は一人もいません。

今この地球には七十三億人もの人が生きていますが、地の果てまで探しても、宇宙の果てまで探し回っても、あなたの代わりになれる人はいません。

そう。だからあなたは、そのままのあなたで、かけがえのない大事な存在なのです。


ちょっと考えてみてください。あなたが生まれるためには、ご両親が必要でした。ご両親が生まれるためには、あわせて四人必要でした。三代前までさかのぼると八人、四代前だと十六人。十代前だと千人、二十代前だと百万人、三十代前だとなんと十億人もの人が、あなたの誕生に必要でした。

そのうちのたった一人が欠けても、あなたは今、存在していません。五億組のカップルがあり、その出会いのうちたった一つが欠けても、やはり、あなたは存在していないのです。

こう考えると、あなたの誕生・あなたの存在は、奇跡としか言いようがないですね。あなたのなかには、何十億の人々の魂が込められ、無限の時が刻まれているのです。その事実に、心が震えるくらいの感動を覚えます。どの人も愛しく思えてきます。

「こんな性格のほうが良かった」とか、「お給料が上がった、下がった」とか、「体重が増えた、減った」なんてどうでもいい。ただ、あなたが生まれてきてくれて、そこにいてくれるだけで、ありがたい。

そう。あなたは、そのままのあなたで、大事な大事な存在なのです。

でも、残念なことに、こんなに素敵な真実を実感できている人は多くありません。反対に、「私は○○がダメ」「△△が足りない」と思い悩み、「自分が嫌い」と思ってしまっている人がたくさんいます。なんてもったいない！

なぜ、そんなふうに思ってしまうのでしょう？

[同じＡさんでも……]

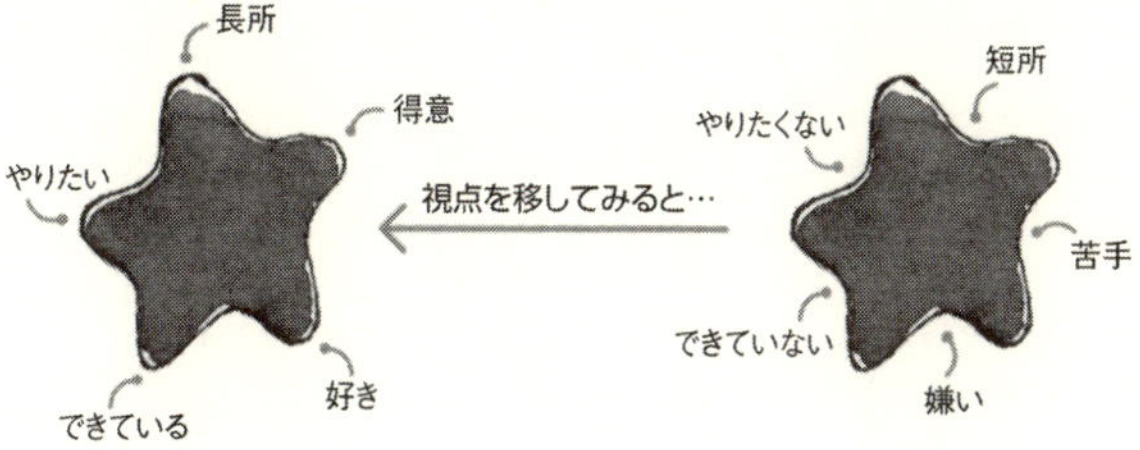

　私たちは神様ではなく人間ですから、完璧ではありません。できないことや苦手なことがあって当然です。

　形でイメージすると、凸凹があるアメーバのよう。そのままの形が、それぞれの人の個性でもありますし、「本当のあなた」「素敵なあなた」です。

　ところが、真面目で向上心が強い人ほど、凹んだ部分にばかり焦点を当てる「クセ」があり、その結果、偏ったつらい自己イメージを持ってしまいがち。

　たとえば、Ａさんが「私は口べただし、不器用だし、片づけは苦手だし、スタイルは悪いし……」という見方をしたらどうでしょう？　「私ってどうしようもない……」と、消えてしまいたくなるかもしれません。

でも、視点をちょっとずらして、凸の部分を見てみると、

「人の話を聴けるのは長所かな。マンガは好きでたくさん知ってる。眉の描き方は上手。目玉焼きはきれいに作れる。来月は〇〇のライブに行きたいな」

と、別人のような楽しい自己イメージが浮かんできます。

そうなれば自然に、「私って、結構いいじゃない」と実感できます。

また、「欠点だとばかり思い込んでいたところが、意外に長所だった」ということもよくあることです。

カウンセリングでお会いする方が、「これって私の良いところなんですね！」と気づいたとたんに、キラキラと輝き始めるのを何度も経験しています。

この本には、奇跡の生命体であるあなたが、「目を向けていないだけで、す

でに持っている自分の宝物」に気づいて、一度だけの大事な人生を心地よく楽しく生きていけるように、具体的なヒントをたくさん盛り込みました。

　PART1では、「自分のこんなところが嫌い」という具体的な例を四十あげ、それぞれで、〈あなたの宝物〉〈それでも変わりたいのなら〉〈今すぐ始められること〉を提案しています。

　PART2では、PART1で個々に提案した〈今すぐ始められること〉をまとめて、大きく四つに分けて記しました。重なる部分もありますが、全体に共通するアドバイスとなっています。

　巻末には、あなたを元気にする〈魔法の言葉〉を一覧にしましたので、ここもぜひ参考にしてください。

　この本がきっかけで、あなたが自分自身の大切さを心から感じ、自分のことが今よりもっと好きになれるように、カウンセラーとして、また一人の女性として、心の底から願っています。

和田　由里子

contents

part 1

「欠点」は視点を変えれば宝物

part 2

毎日を気分よく過ごす4つのヒント

本文イラスト――渋谷陽子
本文デザイン――ヤマシタツトム

part 1

「欠点」は視点を変えれば宝物

1 初対面の人とうまく話せない

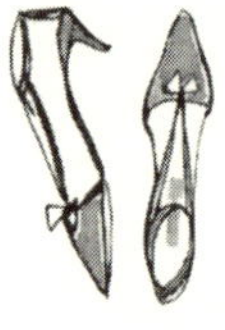

「明日初めて会うAさんてどんな人だろう。話が続かなくて気まずい雰囲気になったらイヤだな」「つまらない人と思われないかな。緊張するな」。あなたはこんなふうに思うのですね。

でも、初めて会うのですから、警戒したり心細かったりして当然ですし、それなりの緊張感・距離感があるのは、むしろ良いこと。初めから何の抵抗もなく打ち解けられるわけがありません。

ぽんぽんジョークを飛ばして場をリードしていた人が、意外と「私、初対面だとハイテンションになるから、疲れるのよね」とグッタリしていたり、悠々とマイペースに見える人が「初対面だと口数が少ないから、私って印象悪いだろうな」なんてクヨクヨ思っていたりするのです。

それに、「仕事がらみだとまあまあだけど、友達関係は気を遣う」人から、「仕事関係や年上の人は疲れる」人、そして「とにかく初対面は全部苦手！」という人まで入れると、初対面が苦手な人って大勢います。

あなたの宝物

あなたには、「自分が相手にどんな印象を与えるのか」という、人間としてとても大切なことを考える能力があります。

自分の言葉や態度、表情が、相手をどんな気持ちにさせるか、観察しながら進んでいけるのは、あなたが賢くて謙虚である証拠。傲慢な人なら、相手の気持ちなどお構いなく、「相手が自分に合わせて当然」と思うでしょう。

また、「相手がどんな気分で、何を考えているのか」を気遣うこともできる人です。「楽しんでるかな？　満足してるかな？　イライラしていないかな？」と、考えながら接することができます。

「相手の興味に合わせて次々と話題を提供して気を配る人」もいれば、「聴き役に回って相手の気分を盛り上げる人」もいます。どちらにしても、その優しさが素敵です。

さらには、初めての人に対する警戒心も持ち合わせていて、「この人はどんな人で、どのくらい信じていいのか」を計ってもいます。この用心深さは、無事に生き抜いていくうえで大切な知恵であり、ワザでもあるのです。

あなたは、そのままでもう充分に魅力的です。

それでも変わりたいのなら

でも、「せっかくの出会いだから、疲れるだけじゃなくて楽しみたいし、良い印象も持ってほしい」と思うあなた。その気持ちもわかります。

それなら、少しだけ工夫して、気楽に過ごせるようになりましょう。

初めに、理想の初対面をイメージしてみましょう。あなたは自分のペースで、リラックスしています。思うことはきちんと伝えられるし、相手の話も充分に聴けています。お互いに良い雰囲気で楽しく、全然疲れません。

とてもいい感じですね。

そんな理想の初対面に近づくためには、まず今までの初対面シーンを振り返って、割合気楽だったときのことを思い出してみるのが一番です。

◇何だか気分が良くて、自然体でいられた。

◇相手が優しそうな人で、気が楽だった。

◇よく話す人だったので、聞いているだけで良かった。

◇興味のある話題が合っていたので、話しやすかった。

◇「大丈夫？」と聞かれて、「緊張しています」と言ったら、楽になった。

今すぐ始められること

会う直前か直後に楽しいプランを入れる

気分を良くしておくと、ストレスに強い状態になります。相手の態度がどうであろうと、プラスに受け止められることが増えるでしょう。

相手の長所を探す

相手を「いい人みたい」と思えたら、その良い感触が伝わって、相手もあなたに良い印象を持ちます。そうなれば、後は楽に進みます。

聴くことに集中する

本気で話を聴いてくれる人には、誰でも心を許します。きちんと聴くことができれば、どんな人間関係もほぼ大丈夫。心を込めて聴く練習から始めましょう。

共通点を見つける

共通点が見つかると、親近感が湧いて緊張がほぐれます。共通点探しのために、好きなことや困っていることなど、いくつか質問を用意しておくといいでしょう。

「初対面は苦手で緊張しています」と言う

少しでいいから、心の鎧を脱ぎましょう。驚くほど楽になります。きっと相手もホッとして、心地よい空気が流れるでしょう。

2 前向き・プラス思考ができない

「前向き・プラス思考がいいのはわかっているけど、『失敗したらどうしよう』とか『人にどう思われるかな』と思ってしまう」と、心配性のあなた。

「前向きな人って、『失敗は成功のもと』とか、『次はもっと頑張るぞ！』とか言って、たくましく楽しく生きてるんだろうな」と、うらやましいあなた。

でも、ちょっと待ってください。何があっても前向きな人なんて、めったにいません。そう見える人でも、内心は結構クヨクヨビクビクしているもの。私たちは悟りを開いた修行僧でも神様でもなく、ごく普通の人間なのですから。

そもそも「前向き」とは、「クヨクヨする人もしない人も、たくましい人もそうでない人も、誰でもみんな生きているだけで素晴らしい」ということ。

でも、あなたは、前向きになれない自分をダメだと感じたり、「楽天的過ぎるのはどうも安心できない」と思うのですね。前向きを押し付けられて苦しいのです。

あなたの宝物

あなたは決して「後ろ向き」な人ではありません。それどころか、あなたの適度な不安・警戒心は、物事をきちんと進めるには欠かせない鍵です。

あまりにも簡単に「前向きに考えれば何とかなるよ！」という人ばかりだったら、あっちでもこっちでもトラブルが起きて、収拾がつかなくなってしまいます。あなたの慎重さ・考え深さが、取り返しのつかないことが起こるのを防いでくれているのです。

しかも、あなたはムダに心配性なわけではなく、しっかりした根拠さえあれば、思い切った行動を取ることもできる人。だからこそ、安心して事を進めるために、前もってきちんと考え、必要なこと・できることはすべてやっておきます。

そのあなたが「大丈夫」と言えば、みんな安心してついてきます。頼りになる、素敵なリーダーになれる人です。

もし何かで間違ったとしても、謙虚に反省することができるので、次のミスを最小限に抑えて、状態を改善することができます。だから、あなたの人生は着実で安全。そして上向きです。

そんな自分を、もっと自慢に思ってくださいね。

それでも変わりたいのなら

あなたの生き方は「頼りにされて、安全で確実で上向き」と良いことだらけ。ただ、「もう少し物事のプラス面を見て、楽しく暮らせたら」とは、思うかもしれませんね。

確かに、一度きりの人生ですから、少しだけ工夫してみましょうか。そういう人生にするために、あなたは何から取りかかれそうですか？

人でも物事でも、十のうち一つでも二つでも、「これはいいな」と思えることを増やせたら、あなたの毎日にどんな変化が起きそうですか?

今まで気づかなかった美しいものが、目や耳に入ってくるかもしれません。同じ出来事でも、今まで見えなかった良い点に気づいて、嬉しくなるかもしれません。生きることが、より愛しく、肯定的に感じられるかもしれません。

過去にも、何となくそんな感じだったという経験はありませんでしたか?

◇マラソンでビリだったのに、友達が「よく走り切ったね」とほめてくれた。
◇「ピンチはチャンス」という言葉を聞いたとき、「そうだといいな」と思った。
◇嬉しいことがあって気分が良かったとき、何でもうまくいくような気がした。
◇夢中になれるものがあったので、余計なことを考え過ぎないで済んだ。
◇わかってくれそうな人がいたので、不安な気持ちを話したら、楽になった。

今すぐ始められること

良かったことを毎日書く

どんな出来事にもプラスの面がありますが、そう受け止められるようになるには、少し練習が必要です。これを身に付けることが幸せの極意です。

「ピンチはチャンス」〈魔法の言葉〉

この言葉は、人生の真実中の真実を意味しています。エネルギーのある言葉は魔法の力を持っているので、言い続けているといつか必ず力になります。

気分を良くしておく

気分が良いと、多少足りない部分があっても、「このくらいなら上出来、充分」と思えるもの。すると、人生全体が上出来に思えてきます。

常に小さな夢を持つ

手に入れやすい小さな夢を見つけて、できるものから次々実現していきましょう。楽しく達成感を味わいながら、自然とプラス思考になっていきます。

理解者を見つける

わかってくれる人がいると、勇気が湧いてきて、「大丈夫！」と思えます。気の合いそうな人と、支え合える良い人間関係を作っていきましょう。

3 違いを認めて受け入れられない

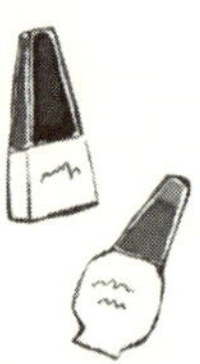

「あんなくだらないお笑いが好きなんて信じられない」「あの人のファッションセンス、どうなってるの？」「あの映画で泣ける人の気が知れない」。こういうことは、誰でも感じるものです。

考え方、感じ方、行動パターン、趣味や好みが違う人に対して、驚いたり、戸惑ったり、不愉快になったり、軽蔑したり、違和感を覚えたりするのは、無理もないことです。

一方、自分と似た感覚の人といると安心で、衝突することも少なく、わかり合いやすいもの。「出る杭は打たれる」ということわざが長い間この国の常識でしたし、江戸時代には三百年近くも海外との交流を絶っていた国ですから、

「違いを受け入れない」気質は日本人の国民性ともいえます。

でも、多種多様な価値観が認められるようになった現代では、「融通がきかない、柔軟性がない、心が狭い」ようにも思い、少し後ろめたいのですね。

あなたの宝物

あなたは、自分の感覚、好み、考え方が、はっきりわかっている人です。

わかっているからこそ、同じ方向を向いている人を見つけ出し、素晴らしい仲間を作る能力に優れています。同質の人同士が作る強い絆とハーモニーの力で、「一たす一は十」というような、目覚ましい成果を出すことのできる人でもあります。

日本人の「一致団結して一つのことをやり遂げる力」は、世界に誇れる強み。そのおかげでここまで豊かな国になれたわけですが、その基盤になっているのが、あなたの得意な「なるべく皆同じに」精神といえるでしょう。

また、そういうあなただからこそ、相手との違いには敏感。良い意味でのこだわりがあり、価値観や感覚が違う相手に盲目的に従ったり、何となく流されたりすることはありません。必要なときには「それは違う」と、適切な距離を置いたり、一線を引ける強さを持っています。

これは、欠点どころか、情報が溢れ価値観が多様化した現代では、自分と仲間を守り育てる、大切なサバイバル能力です。

それなのに、「違いを認めて受け入れるのが苦手」と気づいているあなたの洞察力は大したものです。

それでも変わりたいのなら

「でも、もう少しいろいろ受け入れられたほうが楽になれそう」と思うのなら、お手伝いさせてください。確かに、「同じでなければダメ！　仲間じゃない」という思いが強過ぎると、息苦しくなってきますからね。

では、「私とは違うけれど、それはそれでいいんじゃないかな」と心穏やかに思えたり、ときには「全然違うね。おもしろい！」とか「そういう考え方もあるのね。参考になる」と思えたら、どんな良いことがありそうですか？

ガチガチだった肩の力が抜けて、ひと味違うハーモニーが生まれたり、仲間の輪が広がるかもしれませんね。過去に、少しでもそれと近い感じになったときのことを思い出してみましょう。

◇前の日に嬉しいことがあったせいか、ムカつかずにやり過ごせた。
◇違っている部分が大したことではなかったので、あまり気にならなかった。
◇良い人だったので、「考え方は違うけど、仲良くなりたいな」と思えた。
◇話をゆっくり聴いてくれたので、好みは違ったけど、嬉しかった。
◇相手が「違うところがおもしろいね」と言ってくれたので、楽だった。

今すぐ始められること

気分を良くしておく

気分が良ければ、違いが気にならないどころか、ときにはその違いを魅力的とさえ思えます。「参考にしてみよう」と思えたら、あなたに新しい魅力が加わるでしょう。

「絶対に譲れないこと」を書き出す

書き出したことについては妥協せず、それ以外のことは「どちらでもいい」と思うクセをつければ、気持ちが楽になります。

違うと思う人の素敵なところを十個書く

書き続けていくと、「自分とは違うけれど、いい人だな」と、おおらかに実感できるようになります。相手の良い面を感じ取る練習を始めましょう。

相手の認めてほしい気持ちだけを受け止める

違いがあってもとりあえず置いておき、話を聴いて、「あなたはそれが好きなのね」と言えれば、関係が壊れることはありません。

「違うからおもしろいね」〈魔法の言葉〉

言葉って不思議です。口に出すことで、気持ちや考え方も変化するし、それが相手にも伝わって、お互い楽になれます。

4 頼まれたら断れない

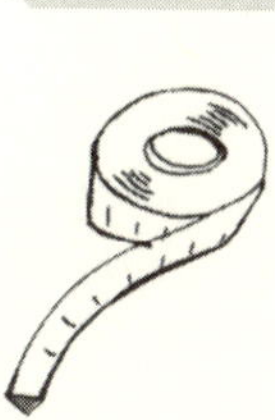

「締め切りが近いから、残っている仕事、明日中に終わらせてね」

「(疲れてるから早く帰ろうと思っていたけど……)はい、わかりました」

「来週提出のレポートに使うから、ノート貸してくれない？」

「(この人、いつもサボってノート借りに来るんだよね……)うん、いいよ」

「今度の合コン、人数が足りないから来てよ」

「(合コン苦手。それに人数が足りないからって……)わかった、楽しみだな」

「みんな、カラオケに行きたいって言ってるけど、どうする？」

「(カラオケ好きじゃないけど、みんなが言うなら仕方ない……)いいよ、行く」

相手の立場が強いとき、強引なとき、頼られたとき、「みんなが」と言われたときなど、多くの人が断れなかった経験をしているのではないでしょうか。

でも、あなたに強引な押し付けをした人も、違う場面では案外「あーあ、どうして引き受けちゃったんだろう。断れば良かった」と悩んでいるかもしれません。

あなたの宝物

あなたは、善意と優しさの人です。「えっ？」と思っても、何とか自分の気持ちを治め、最大限、相手の要求や気持ちに沿うことができる人です。誰にでもできることではありません。

また、調和を重んじる人でもあります。「みんながそうしたいなら、私さえ我慢すればうまくいくから」と思えるのです。大人ですね！

責任感も人一倍強いので、自分の都合や気持ちは後回しにしてでも、約束は絶対に守ります。しかも、やるとなったらやり通す能力も持ち合わせているので、いつの間にか皆があなたを頼りにして、ほかの人にはお願いしないようなことまで頼んできます。

あなたの存在で、どれだけ多くの人が救われていることでしょう。それを思うと胸が熱くなります。

どうしてあなたは、自分を抑えてまでこんなに頑張れるのでしょう？　きっと、「この人と良い関係でいたい」という気持ちがとても強いのでしょうね。

そして実際、断らなかったことによって、大変な思いをした以上に、素敵な出会い・チャンス・運などもたくさん手に入れてきたはずです。

それでも変わりたいのなら

ただ、頑張り過ぎて相手を責めたくなったり、人間関係がかえってうまくいかなくなったり、したいことができずに息が詰まりそうになるときがありますか？　もしそうなら、そして変わりたいと思うのなら、お手伝いさせてください。あなたはどうなりたいですか？

軽やかに「ＮＯ」と言える↓自分がしたいことに時間を使える↓心も身体も

リフレッシュ↓良い気分で相手と接することができる↓ゆとりを持って頼みごとに応じられる↓以前にも増して良い関係が築ける……なんていうのはどうですか？

まずは、今まで少しでも断りやすかったのはどんなときだったか、思い出してみましょう。

◇気分が良かったためか、別のアイデアを思いついて、自然と断れた。
◇口ごもっていたら、「二〜三日考えていい」と言われ、結局うまく断れた。
◇あまりにも無理なので、断るしかなかった（病気・事故など）。
◇どうしても次の日にスキーに行きたかったので、思い切って断った。
◇「この人なら断っても大丈夫、関係が悪くならない」と思えたとき。

今すぐ始められること

気分を良くしておく

気分が良いときは、考えがよくまとまります。「その案は無理ですが、こういう案はどうですか？」と良いアイデアも生まれ、割合気楽に言えます。

すぐ返事をせず、考える時間を作る

焦って即答する必要はありません。「本当に自分がどうしたいのか」をゆっくり考え、断りたいのなら、その理由・断り方を準備しましょう。

「無理」の範囲を広げる

「引き受けたら自分がすり減るか、相手を嫌いになる」と想像がつくとき、それも「無理」なのです。また、「疲れている」「ほかの予定がある」なども、断るのに充分な理由です。

断った場合の良い点を書き出し、よいイメージを描く

たっぷり休める、映画が観られる、部屋が片づく、自分のペースを保てる、リフレッシュできてさらに優しくなれる……さあ、断る気になったのでは？

仲間と一緒に断る練習をする

断れずに困っている人は大勢います。仲間を探して、まずはお互いに遠慮なく断ることを確認し、次に、実際に断る言い方を一緒に練習しましょう。

5 選べない・決められない

「抹茶アイスか、チョコパフェか」など日常のことから、「結婚するのか、しないのか」という人生の方向まで、私たちの人生は「選ぶ」ことだらけ。
最近まで、人生にはそれなりにレールがあって、それに乗って進んでいくのが当たり前でした。周りの決定に黙って素直に従うのが良しとされていましたから、選ぶ必要がなかったし、選びたくても許されない時代でもありました。
でも今は古いレールはなくなり、たくさんの選択肢のなかから「自分らしい生き方」を選べるようになったのです。いい時代になりましたね。
ただ、この国では「自分で考えて決断する」という習慣や教育がまだ根づいていないため、「考えたことがないから選べない」人も、「考えれば考えるほど迷って決められない」人もたくさんいるのが実情です。
選ぶ状況になると、不安になったり、混乱したり、迷い過ぎて結局人任せにしてしまい、そんな自分がダメ人間のように思えて、決断力のある人がうらやましくなるのです。

あなたの宝物

あなたは、常識を守り、手堅く生きる知恵を持っています。また、決められたことや求められたことを忠実に守ろうと努力することもできます。思い込みで危険な道に突っ込み、周りに迷惑をかけながら突き進むようなことは絶対ありません。「どうしたらいいだろう」と迷う謙虚さがあるので、さまざまな意見に耳を傾け、それを生きる知恵としてインプットし、安全な道を進むことができます。

時には多少の疑問を押し込めてでも、周りのアドバイスを受け入れる柔軟性があるので、一人では考えつかなかった経験を積むことができるのも、あなたの強みです。

しかも、「気が遠くなるほどたくさんの選択肢のなかから、一つだけを選ぶなんて難しい」と思う賢さも持っています。軽々しく決断を下さないのは、慎重で責任感が強いあなたらしいですね。感受性も想像力も豊かで、深く考えられるからこそ、いろいろな展望がイメージできて決められないともいえます。

でも、毎日の生活のなかで、何を食べるか、着るかなど決断できていることもたくさんあるはず。そこにあなたの素直さ、謙虚さ、感受性、想像力、経験、人に相談できる能力をプラスしたら、あなたの人生はもう怖いものなしです。

それでも変わりたいのなら

とはいえ、情報や選択肢が溢れている現代は、選ぶことが楽にできたら、より生きやすいのは確かです。そうなるために、少しだけ工夫してみましょう。

A、B、Cのどれかを選ぶとき、周りの人の思いも考慮に入れながら、「いろいろ考えたけれど、私が一番幸せになれるのはBだから、Bにしよう」と選べたら、どんな良いことが起きそうですか？

「誰に強制されたわけでもなく自分で選ぶのって、ちょっと緊張するけど、いい気分！」と、充実感やさわやかな解放感を感じるかもしれません。言われたままに選ぶのと比べて、ぐんとやる気が湧き、自信も付きそうですね。

今までに自分で選んだことを、思い出してみてください。

◇お寿司とステーキなら、すぐにお寿司を選べる。
◇その映画がとても観たかったので、ほかの用事は後回しにした。
◇その日が期限だったので、何とか決められた。
◇相談したら良いアドバイスをもらえて、どのバイトにするか選べた。
◇小さなことだと、割合気楽に決めてこられた。

今すぐ始められること

好きな人・物事・考え方を書き出す

何かを選ぶときの基準は、「どれを選んだら幸せになれるか」です。好きなことを再確認する作業を通して、自分らしさを発見しましょう。

夢や目標を持つ

夢が見つかると、自分のなかでの優先順位がはっきりして、選択しやすくなります。すぐ取りかかれるものから次々と実現していくと、選ぶことに自信がついてきます。

自分で期限を区切る

時間制限があると決めやすいもの。「24時間以内」「来週まで」というように期限を設けます。誰かに宣言して期限厳守の見張りを頼むと、より効果的です。

詳しい人に相談する

孤独に一人で選択する必要は全くありません。詳しい人に相談して、選択に役立ちそうな情報やアドバイスを、どんどんもらいましょう。

先のことまで考えず、とりあえず選ぶ

何事もやってみなければわかりません。命さえあれば、すべてどうにでも変更可能です。とりあえず決めてやってみて、それから先はその後考えましょう。

6 一人で行動できない

「一人でいるのはどうも……」という人には、三種類あるようです。

まずは、根っからの淋しがりや、怖がりや。とにかく「一人は絶対にイヤ！」という人。何をするにも、仲間と一緒です。仲間や連れがいれば行動しますが、一人では行動を起こしません。一人旅なんて問題外。

次に、とりあえず誰かと一緒にいることが多く、それはそれで楽しいのだけれど、一人になると、ふと「ああ疲れた。私って一人でいるほうが好きなのかも……」などと思ったりする人。一人旅はしないけれど、じつは憧れています。

最後のタイプは、「一人で行動したい」と内心強く感じているけれど、できない人。「一人でいると、友達がいないダメ人間と思われそう」と思っているので、無理してストレスを感じながらも、仲間の輪に加わっています。泣く泣く一人旅を諦めるタイプ。

伸び伸びと、「一人は快適でいいなあ」という人は、ごくごく少数派です。

あなたの宝物

「淋しがりや」のあなたは、人を頼るのが上手。あなたがいてくれるので、頼られた人は、満足感や生きがいを感じることができます。

また、頼るだけでなく、心を込めて相手のサポートをすることもできます。一人の心細さを知っているので、心底優しくなれるのです。そのため、親密な人間関係を築くことができます。

「じつは一人が好きかもしれない」あなた。自由でもありたいし、所属感もほしいと思うあなたは、バランス感覚の鋭い人。どちらかに偏り過ぎると疲れを感じますが、その疲れこそがあなたの健全さを示しています。頼り過ぎず、頼られ過ぎず、踏み込み過ぎず、でも離れ過ぎずに生きていける人です。ある意味、人生の達人です。

「心底、一人でいること・行動することを求めている」あなたは、本来、独立心の強い自立した精神の持ち主。一人でも行動を起こしたり、自分の意見を言ったりできるのですが、同時に周りの雰囲気を読む力や、周りに合わせる柔軟性も持ち合わせているので、今のところはあえて誰かと一緒に行動することを選んでいます。

どのタイプの人も、みなそれぞれ個性的で、素敵ですね。

それでも変わりたいのなら

どの程度一人でいたいかは、理屈ではないし、良し悪しで判断することでもありません。大切なのは、あなたがあなたらしく、自然体でいられること。みんなと一緒が楽しければそれでいいし、一人が好きならそれもいいのです。

でも、「もう少し一人で行動できたら、もっと楽そうだし、誰かと一緒のときも、もっと楽しめそう」「一人でいることは格好悪いことじゃないと自信が持てればそうしたい」と思う方がいるなら、お手伝いさせてください。だって、それがあなたらしい生き方だから。

難しくはありません。自分の行動を振り返って、「あれなら一人でできそうだし、そうできたらスッキリしそう」というところだけ変えればいいのです。

今までにも、それらしい経験、ありますよね？　思い出してみましょう。

◇テレビでお一人様の良さを特集していて、「カッコイイ！」と思った。
◇どうしても行きたいライブだったので、勇気を出して一人で出かけた。
◇グループで絶対一緒にできないと思うことがあり、やめたらスッキリした。
◇待ち合わせに友達が遅れて、二時間一人だったけれど、結構充実していた。
◇Cさんになら、「今日は一人でいたい」と本音を言えた。

今すぐ始められること

一人の良さについての情報を見る、読む、聞く

勇気を与えてくれる情報から、良い影響を受けましょう。思い込んでいるこ

とが変わると、心が楽になり、行動が変わります。

夢や目標を持つ

好きなこと・やりたいことに向かうときは、自然と勇気が湧いてきます。一人で行動できることも増えてくるはずです。

譲れないマイルールを決める

普段は周りと一緒でも、「十一時までには帰る」というように、自分なりのルールを決めておけば、別行動する勇気が出やすくなります。

簡単なことから一人でやってみる

一人で散歩、一人で図書館、一人でお弁当、一人で映画など、できそうなことからチャレンジしてみましょう。自分がどんなふうに感じるかを観察し、その後で「やめるか、もっとやるか」を考えます。

信頼できる人に本音を言ってみる

「あなただから本音を言うけど、今日は一人でいたいの」と言ってみましょう。安心して一人でいられますし、その人との関係もより深くなります。

7 マイナスの感情を押し込めがち

素直で真面目な人ほど、「怒る、恨む、怖がる、嫌う、責める、妬む、憎む、焦る、傷つく、落ち込む、悲しむなどは、マイナスの感情だから、感じてはいけない」と思い込んでいる傾向があります。

「いつも前向きに明るく、愛と感謝と希望と喜びに満ちていなければいけない」と思っているので、マイナスの感情を感じたときは、自分を抑え込み、その素振りを見せないようにします。人に見せるのは輝いている自分だけ。

素の自分を見せたら、「暗い、弱い、ダサい、つまらない」と思われそうで、いつも周りにバリアを張り巡らせ、自分を守っています。ありのままの自分を見せたら、自分が壊れてしまいそうな気がするのです。

日本では、「個性の尊重」と言いながら「明るく、元気で、積極的なことだけが良いこと」という思い込みが広がっていて、多くの人が、元気そうに振る舞いながらも、じつは息苦しく淋しい思いをしています。

あなたの宝物

あなたが目指しているのは、理想的な人間の姿です。恨んだり、責めたり、嫉妬したりする代わりに、前向きに、明るく生きなければと、理想的な自分を目指して頑張っているあなたを、心から尊敬します。

それに、マイナスの感情はエネルギーを消耗しますから、できるだけ感じないようにすることは、幸せな人生を送るための最高の知恵でもあります。

しかし人間ですから、そういう感情を感じてしまうこともあります。そんなときでも、あなたは感情に振り回されず、「どんな反応をすれば周りとうまくいくか」「周りをイヤな気分にしないか」を判断し、それに自分を適応させる力を持っています。

マイナスの感情をコントロールし、たとえ感じても直接出し過ぎないようにする。これは、あなた自身だけでなく周りの人をも守る、相当レベルの高い大人のワザです。

みんなが好きなように泣いたりわめいたりしたら、と想像してみてください。複雑な思いを抱えながらも、表に出さずに、明るく、または黙々と、仕事や活動を続けるあなたのおかげで、この世は成り立っているのです。

それでも変わりたいのなら

でも、もしあなたが「自分の本音を押し殺し続けるのはつらい。素直な感情を出して楽になりたい」と思うのなら、喜んでお手伝いします。

まず、「怖い、恥ずかしい、不安、憎いなどのマイナスの感情も自分の大切な一部。悪いことでも隠すことでもない」ことを確認してください。そして、無理に抑え込まずに「こういう私でいい」と認めましょう。「そうか、私、あの人が憎いんだ」「今、私はとても傷ついた」というようにです。

次に、誰かにそれを伝えてみませんか？「小出し」がコツです。それができたら、分厚い鎧を脱いだように、心も身体も軽くなりそうですね。バリアが減った分、周りの人ともっと親密になれるでしょう。

今までも、それに近い状況があったかもしれません。思い出してみましょう。

◇「我ながらよくやってるな」と思うと、いつもより少し自然体になれる。

◇ノートに「イヤだ、イヤだ」と書いていて、気付いたら少し楽になっていた。

◇誤解された悔しさに思わず人前で涙ぐんでしまったが、イヤではなかった。

◇「あなた、その人が嫌いなのよ。別にいいじゃない」と言われ、スッとした。

◇「つらいな」とつぶやいたら、同僚が「あなたでも？」と言ってくれた。

今すぐ始められること

自分の良いところを書き出し、充分に確信する

「私って結構いいな」と思えるところをもっと発見して、自分の素晴らしさを実感しましょう。自信がついてくると、バリアが弱まり、素の自分を見せやす

くなります。

本音を書き出す

「怖い、イヤだ、大嫌い、冗談じゃない！」など本音を書き出し、最後を「こう思って当たり前。それでもやってきた私は偉い！」で締めましょう。

「素の自分を見せると楽になる」と言い聞かせる〈魔法の言葉〉

この言葉を唱え続けていると、だんだん素の自分を見せたくなってきます。これ以上楽な生き方はありませんし、得るものこそあれ、失うものは何一つないのですから。

安心して弱みを見せられる相手を決める

本音を言っても大丈夫と思える人を、一人か二人決めてください。その人に素の自分を見せている場面をイメージしてみましょう。

「弱みは強み」。人に弱みを見せてみる〈魔法の言葉〉

自分の弱みのうち、一番言いやすいことを選んで、来週、誰かに伝えてみましょう。心が軽くなり、言われた人はあなたに親しみを感じます。

8 人に甘えるのが苦手

「悲しいとき、不安なとき、誰かに思い切り甘えたいのに、なぜかできない」「甘え上手な妹がうらやましかった」「同じクラスのDちゃん、先生にいつも甘えて、ずるい！」。こんなふうに思ったことはありませんか？

確かに、甘え上手な人と、そうでない人がいますね。

甘えるのが苦手な人は、小さい頃から甘えた経験が少なく、どうもぎこちなくなってしまうのです。甘えるのは人間としてダメで恥ずかしいことで、甘えていたらいつまでも自立できないし、相手に弱みを握られるような気がして抵抗がある、と思うのです。

こういう人は、周りに相談したり助けを求めたりすることも、甘えるのと同じような気がして、つらくても一人で頑張ろうとします。

しかも、つらそうにすること自体を甘えと感じて、その素振りさえ見せないようにするので、どれだけ大変な思いをしているか周りから理解されにくく、さらに甘えにくくなってしまうのです。

甘えたいのに甘えられないのは、本当につらいですね。

あなたの宝物

一言で言うと、あなたはとても健気な人。大変な状況のなかでも、自分を甘やかすことなく一人で考え、判断し、どうするかを選択し、行動し、必死で頑張ってきました。甘えたいときも、「もうダメ、誰か助けて！」と叫びたいときもあったでしょう。それでも、ここまで自力で乗り越えてきたあなたの姿に感動します。

そこまでできるのは、あなたが誇り高い人だからです。甘え上手な人を、ときに「自分もそうできたら楽だろうな」とうらやましく思いながらも、やっぱり「でも私は、誰にも頼らずに、自分でやっていこう」と思う潔さを持っています。

自立しているので、何事も人のせいにせず、きちんと自分の責任として受け止められるところも素晴らしい！「あの人に言われた通りにしたら失敗した」なんて、決して言いません。

そのうえ、気配りも人並み以上にできるので、周りに迷惑や心配をかけないように、自分の感情を懸命にコントロールしてきたはずです。つらいことがあっても、「大丈夫」と気丈に振る舞ってきたのでしょう。

しっかりしている人と頼りにされ、信頼されてきたに違いありません。ああ、やっぱりすごく健気。

それでも変わりたいのなら

でも、あまりに淋しかったり、つらかったりしたら、もっと楽になっていいのですよ。

私たちは誰でもそんなに強くないし、完璧でないからこそお互いに支え合い、頼り合うことができます。そこに素敵なドラマが生まれたり、ぬくもりを感じるのです。

空気や水が命の源であるように、私たち人間は、お互いがお互いにとっての貴重な資源。あなたは今まで、自分の「内面の資源」をフル活用してきました。その強さと知恵を、今日からは「外側の資源（周りの人の助け）」を活用することに応用してみませんか？

もし気軽に誰かに相談したり、ときには少し助けてもらったりできたら、どうでしょう？「甘えちゃいけない、甘えられない」と思っていたときと、何が変わりそうですか？「生きるって、こんなに楽で、心地いいんだ」と思えるかもしれません。

今まで、甘えるのも悪くないと思えたのは、どういうときでしたか？

◇あまりに苦しくて「もうダメ」とつぶやいたら、友達が快く協力してくれた。

◇大したことではなかったので、気軽に愚痴を言ったら、ちょっと楽だった。

◇後輩に「困ったときは相談していいですか？」と言われて、悪い気はしなかった。
◇相手が優しかったので、「この人になら弱音を吐いても大丈夫」と思えた。
◇「甘えてくれたほうがやりやすい」と言われたことがあって意外だった。

今すぐ始められること

甘えて言いたいことを書き出し、言ってみる

「一人では無理。手伝って」「怖いよ、助けて」「疲れてイヤになっちゃった。この気持ち、聴いてほしい」「淋しい、メールちょうだい」など、声に出して練習してみましょう。

書き出したなかで一番言いやすい言葉を言いやすい人に伝える

「じつは合コンって苦手」「今日はホント疲れたね」と、弱みや気軽な愚痴を口に出してみましょう。たとえば来週中に、一番言いやすい人に言ってみるのです。相手は、あなたにさらに親しみやすさを感じるでしょう。

「自分ならどう甘えられたら受け入れやすいか」をイメージして書き出す

同じ「甘える」でも、言葉遣い、声のトーン、タイミングなどで、印象が全く違います。逆の立場で考えると、どんな感じだといいかがよくわかります。

何かあったら話せる人を心のなかに準備しておく

あなたの周りに、親切な人は一人もいませんか？　そんなことはないはず。健気なあなたの「助けてコール」に、喜んで応えてくれる人は必ずいます。

「ときには甘えるのも大切な知恵」〈魔法の言葉〉

甘えるのは良くないことという考えを、「相手の資源を活用するのも大事な能力」へと切り替えましょう。あなたに甘えられたら、相手も嬉しいはずですよ。

9 許せないことが多くてつらい

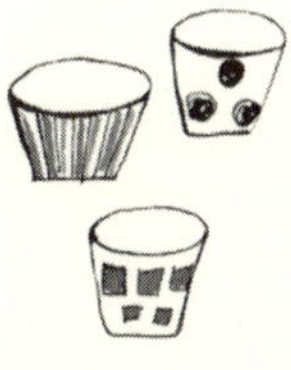

「許すのが苦手」と自覚している人はあまりいないかもしれません。でも、「ぶつかっておいて謝らないなんて、許せない！」ってこと、ありますよね。
赤の他人が相手ならまだ楽ですが、「E美のあの言葉、許せない。友達やめる！」「お義母さんって、どうしてああいうことするの、一生許さない！」と、相手が身近な人だと、許せない気持ちもヒートアップします。
これがじつの親子や兄弟姉妹だと、さらにつらさのレベルが上昇。「あれが親のすること!?　許せない」。血がつながっているだけに、いっそう切ないですね。夫婦や長く付き合っているカップルも、この関係に近いかもしれません。
でも、何といっても一番きついのは「自分自身を許せない」ときでしょう。

「こうなったのは全部私が悪い」「この程度にしかできない自分がイヤ」というようにです。周りがいくら慰めてくれても、逃げ場のない苦しさを感じます。

「許せない」が重なって、自分も周りも疲れ切ってしまった経験、ありませんか？

あなたの宝物

「正義感コンテスト」をしたら、間違いなくあなたが優勝です。この世の中、「許してはいけないこと」はたくさんあります。歩きタバコやゴミのポイ捨てを見て「許せない！」と思うあなたは、頼りになる正義の味方。自分さえ良ければいいと周りに無関心な人が増えている今、貴重な存在です。

また、他人の行動に厳しいだけあって、自分の態度にも注意深く、相手に不快な思いをさせないよう、いつも充分に心配りができる人です。

向上心も人一倍強いですね。中途半端では満足せず、自分を追い詰めてでも、「さらに良いものを目指したい」という謙虚な熱意があるので、常に全力投球で頑張り、どんどん成長して実力をつけていきます。

アニメ映画で世界的に有名な監督が、優れた作品を次々生み出す秘訣を聞かれて、「作り終えた作品は、足りないところばかり感じてつらくなる。そのつらさから救われるためには、もっと良い作品を作るしかない」と答えていますが、あなたもまさにこのタイプ。

さらに素敵なのは、あなたの持つ責任感です。何があっても人のせいにはしないその潔さには、感動さえ覚えます。周りからの信頼も厚いでしょう。

それでも変わりたいのなら

ただ、「許せない」という気持ちは、私たちからたくさんのエネルギーを奪い取り、ときに大事な人間関係まで壊してしまうことがあります。

あなたの正義感や向上心はそのままに、もう少し楽になるには、どんなふうになれたらいいなと思いますか？　ひどいことを言われても、その後、あなたの気持ちが何かにまぎれて、怒りが薄まったらどうでしょう？

そのゆとりで、ほかの楽しいことができるかもしれませんし、相手に対して、「かなり疲れているみたい」などと思えるかもしれません。「ひど過ぎる」と思うことに対しても、「私はこう思うけど」と冷静に伝えられるかもしれません。

自分自身に対しても、同じように対処できたらどうですか？

今までの経験を振り返って、ヒントを見つけましょう。

◇相手が好きな人だと、同じことを言われても、「許せない」とは思わない。
◇「自分に厳しくするのもいいけど、もっと大事なことがあるよ」と言われた。
◇コーラスの練習がある日は、何事もあまり気にならないような気がする。
◇姑の嫌味も、夫が気持ちをわかってくれるときは、割合早くスッキリする。
◇軽い感じで「〜したほうがいいよ」「〜しないで」と言えたとき、楽になった。

今すぐ始められること

許せない人の良いところを十個書き出す

相手を「結構いい人」と思えると、「疲れていたのかも」「ほかのことでいっぱいいっぱいなのかな」と思う余裕ができて、あなた自身が楽になります。

良かったことを書き出し、毎日自分をほめる

自分に「今日もよくやったね」と、語りかけてあげましょう。この世に一人しかいない大事なあなたです。もっともっと大切にしてあげてください。

楽しみの時間を増やす

一週間をどのように過ごしているかを書き出し、「楽しみのプラン」を意識的に増やして実行しましょう。いろいろなことが、それほど気にならなくなってきます。

許せない気持ちを溜めずに誰かに話す

不愉快な気持ちは溜め込まず、誰かに聴いてもらいましょう。なるべく早く気持ちを楽にして、受ける害を最小限に抑えましょう。

率直に伝える

これら四つを全部行っても、まだ我慢ならないことがあるとしたら、それを書き出し、そのなかで一番言いやすい相手に、冷静に思いを伝えましょう。

10 本音を言い合える親友がいない

「もうすぐ入社式。知らない人ばかりで緊張するな。自分から声をかけるのは苦手だし、話しかけられてもドギマギしちゃうし……」

こんなふうに思った覚えがある人、たくさんいるでしょう。友達作りの第一歩は、誰でもエネルギーや勇気が要るもの。親しくなるきっかけがつかめないと、焦ったり、悩んだりします。

友達が多いように見えても、じつは本音を言い合える親友がいなくて、淋しさを感じている人もたくさんいます。「いつまでもぎこちない関係のまま」と悩む人と、「携帯のアドレスはいっぱいだけど、ホントの友達は……」という人を合わせると、若い女性全体の八割から九割にもなるのです。

そのくらい今の時代は、人間関係で悩んでいる人が増えています。友達作りがうまくいかないことで自信をなくしたり、自分を責めてしまう人は、あなただけではありません。

でも、何だか周りはみんな、とても仲が良さそうに見えるのでしょう?

あなたの宝物

あなたは、豊かな感受性の持ち主。そして気配りの人ですね。

何より素晴らしいのは、人間関係の大切さをよく知っているところです。「私たちを本当に幸せにするのは、お金や学歴や地位ではなく、お互いをわかり合える親しい人間関係」という一番大切な真実を鋭く感じ取っています。

そのことを意識するあまり、あなたの態度がぎこちなくなるとしたら、それはあなたの誠実さの現れですし、あなたのそういう様子がさわやかな印象を与えるのを知っていますか?

また、親友になりたい気持ちが強いので、相手の気持ちに合わせた行動を取ろうと精いっぱい努力します。言いたいことも言わず、楽しくなくても笑ってしまう……そして結局は疲れ切ってしまいます。健気なほど優しい人なのです。

でも、それを続けていると、ストレスや淋しさが手に負えないほど大きくなってくることがあります。なぜなら、うわべだけ楽しそうに付き合っていても、それが本当の友達ではないことを、あなたは誰よりよくわかっているからです。

こんな素敵なあなたとなら、誰だって心からの大親友になりたいと思います。

それでも変わりたいのなら

あなた自身の性格や人間性には、何の問題もありません。とても人間味溢れ、信頼できる人です。だからこそ、心が通い合う本当の友達が欲しいのですよね。よくわかります。

あなたにとって「親友」とはどういうものですか？　互いに相手を大切に思い、ありのままを見せられる、意見が違うときも関係が壊れない、悩みを相談し合い・癒し合い・高め合える関係？

いいですね！　お金では買えない最高の宝物です。

そこを目指して、できることから取りかかり、少しずつ近づいていきましょう。今までにも、これに似た経験をしたことがあるはずです。

◇「自分は自分でいいんだ」と思えるときには、相手とも自然体で付き合えた。

◇「この人、いいな」と思えたときは、その後、割合楽に話せた。

◇ときには違う意見を言ってくれる人のほうが、信頼できるし、安心できた。

◇悩みを聴いてくれる先輩がいて、「この人になら何でも言える」と感じた。

◇悩みを打ち明けられたとき、嬉しいような、ホッとするような感じがした。

今すぐ始められること

自分の長所や好きなこと・得意なことを書き出す

「私と私自身の関係」がすべての人間関係の基本です。好きなことや得意なことを書き出して、今のままで充分に素敵な自分に気づき、自分自身との関係を良くして、まずは自分と親友になりましょう。

相手の良いところを書き出す

相手が自分をどう思うかは相手次第ですが、自分が相手をどう思うかはあなた次第です。いい人と思えば、その気持ちは必ず相手に伝わり、良い関係を築きやすくなります。

相手の良さを認めたうえで違う意見も伝える

あなたの好意が伝わっていれば、違う意見を言っても大丈夫。「違うところがあっても大丈夫」と思えれば、安心感・信頼感がより一層高まります。

相手の話を心を込めて聴く

誰でも、自分をわかってくれる人を求めています。心から話を聴いてくれる人には信頼感と好意を持ちます。まずは相手の話をよく聴きましょう。

「弱点が距離を縮めてくれる」〈魔法の言葉〉

私たちは、弱みを見せない立派な人と友達になりたいわけではありません。弱音を吐いたり、うろたえている姿を見せ合うことで、お互いの距離は縮まり、親しみが増します。

11 自分の意見を言うのが苦手

「『ご意見をどうぞ』って言われると、緊張して頭が真っ白になる」

「『考えを聞かせて』と言われても、自分が何を考えているかわからない」

「みんなと違う意見だから言いにくいし、言うほどのことじゃないし」

「言いたいことはあるけど、うまく表現する自信がない」

こんなふうに、「考えを述べるのが苦手な人」にも、あがってしまう、意見がない、自分の意見に自信が持てない、うまく表現できないなど、いろいろなタイプがあります。

でも、どのタイプにしろ、日本人なら当たり前かもしれません。多くの日本人は、これまで「自分で考えて、それを整理して、言葉に出して人に伝えるやり方」を教わってこなかったのですから。

また、思い切って伝えたことを、「どうでもいい」「それは違う」と聞いてもらえなかった経験をした人もいるでしょう。そんなつらい思いをしたら、「また否定されるのでは」と怖くなり、伝える気がしなくなってしまいます。

あなたの宝物

あなたの長所は素直さ。周りに合わせることが上手な人です。それも、無理して自分を抑えるのではなく、自然体で相手を受け止められる人です。

誰の話でも、ゆったりと自然に聴くことができます。これは誇りに思っていい、素晴らしい能力。優しく聴いてくれると、とても話しやすいし、疲れた心までもが癒されるのですから。

AさんとBさんの意見が対立していたとしても、あなたはその両方を「なるほどね、そういう考えもあるかも」と、柔軟に思える人でもあります。あなたの素直さに、対立していた二人の気持ちも収まっていくでしょう。

そんなあなたが、もし自分の考えがうまく言えずに困っているとしても、周りの人は「ダメな人」と思うでしょうか？ それどころか、「優しくて穏やかな人」と再確認し、「私も同じ。ホッとした」と親しみを感じるでしょう。

世の中、リーダー的な人だけではスムースに動きません。あなたのような潤滑油的な存在がいてくれてこそ、いろいろな考え・個性の人が気持ち良くまとまっていけるのです。

まさに、ストレス社会のオアシスですね。

それでも変わりたいのなら

「それにしても、もう少し自分の思いがうまく表現できたら、スッキリしそう」
「聴くだけじゃなく、自分からも話ができたら、気が楽なんだけど……」

もしあなたがそう思うのなら、ぜひお手伝いさせてください。

あなたは、「しっかりとした意見を上手に言わないと」と思い過ぎているのでは？ 実際には、そんなふうにできる人なんてめったにいません。きれいにまとまった意見でなくていいのです。あなたが心を開いて話しさえすれば、どんな言葉もしみじみと相手の心に響きます。だから、そのとき感じたままを言葉にできたら、それで充分。

そうできたら、どんな感じになりそうですか？ 自信と力が湧いてきませんか？ 今まで以上に、人と会うのが楽しみになりそうですね。

これまでに、少しでも近い感じのときがあったら、それがヒントです。

◇ほかのメンバーも、みんな話すのが苦手そうだったので、気楽に言えた。

◇よく知っている話題だったので、少し自信を持って話すことができた。

◇前もって何を聞かれるかわかっていたので、話すことを準備してあった。

◇何でも、どんな言い方でも受け入れてくれそうな相手だったので言えた。

◇「緊張して何がなんだか……」と言ったら、場が和んで楽になった。

今すぐ始められること

「日本人の9割以上は私と同じ」〈魔法の言葉〉

みんな、同じ悩みで困っている仲間同士です。気楽にいきましょう。上手に意見が言える人の言葉が、必ずしも人の心を打つとは限りません。

詳しい分野をもう少し増やす

テレビドラマ、スポーツ、映画、食べ物、音楽、旅行……何でもOK。その話題のときだけは、いつもより少し多めに自分から発信してみましょう。

普段から「自分はどう思っているか」意識し、言葉にしてみる

外国語の練習のように、口に出して言ってみます。自分の思いや感覚を、ぴったりの言葉で表現できるようになると、だんだん心が軽くなっていきます。

最初は相手を選ぶ

あなたのような、心の優しい聴き上手な人を探しましょう。その人に、今一番話したいこと、話しやすいことを言ってみましょう。

飾らずまとめず、そのままを言葉にしてみる

「あがっちゃって何を言っていいのか」「特に意見がないので困ったな」などの本音は、相手の心に響きます。次のチャンスに早速使ってみましょう。

12 ほめたりほめられたりが苦手

「Fさんはすごいと思うけど、ほめるのは何か悔しい」

「わざわざほめるのって不自然だし、ご機嫌を取っているみたいで抵抗ある」

そう思うこと、ありますね。

「ほめれば相手も嬉しいのはわかるけど、ぎこちなくなってしまいそう」

「ほめることが見つからない。一生懸命やるのは当然のことだし」

と思うのかもしれません。また、

「ほめられても、どう反応していいかわからない。喜ばないのも変だし、かといって、お世辞に喜んだらバカみたいだし」

こんなふうにも思います。

これには、日本特有の謙遜の文化が強い影響を与えているでしょう。

この国には、ほめ合うことで良い関係を作る習慣がありませんでした。あなたのご両親も、おじいさん・おばあさんも、ほめられて育った方はほとんどいないはず。あなたがほめたり・ほめられたりするのに違和感を覚えるのも、当然かもしれません。

あなたの宝物

あなたの素敵なところは、誇り高い誠実さです。

あなたは決して「相手の機嫌を取って得をしよう」とは考えません。ちょっとほめておけば立場が良くなるかもしれないし、ミスも大目に見てもらえるかもしれないというときでも、「口先だけのうまいことなんて言えない」と思うのです。

心のなかで「Gさん、よくやっているな」と相手の良さは充分感じるのですが、よほどのことがない限り、口に出してほめることはしません。

それだけに、あなたにほめられたら、「お世辞を言わないあの人にほめられた。ヤッター！」と、誰でも大喜びするでしょう。

あなたはまた、奥深い日本文化の担い手でもあります。「粗茶ですが」「つまらないものですが」というように、「自分を相手より一段控えることで、相手との良い関係を作る」という絶妙なワザを、しっかり身に付けています。

何かでほめられても、「いいえ、まだまだです」とどこまでもつつしみ深く、周りにさわやかな信頼感を抱かせます。

友達が多いわけではありませんが、深く信頼し合える関係を築ける人です。

それでも変わりたいのなら

クールで素敵なあなた。何も変わる必要はないと思います。ただ「せっかく相手の良さがわかっているのだから、もう少し自然に伝えられたら」と思われるのなら、喜んでお手伝いします。

あなたは、どんなふうになれたらいいと思いますか？

素直に「すごいね」と言えたら、どんな気持ちになるでしょう？ ほめられたとき、素直に「ありがとう、嬉しい」と言えたらどうでしょう？ 相手も自分も心がポカポカ温かくなって、疲れが半分になるかもしれません。明日が楽しみになるかもしれません。

きっと今までにも、これに近い感じのときがあったはずです。

◇本当に「この人すごいなあ！」と思えたとき、素直にそう伝えられた。
◇ほめられたときに自然に「ありがとう」と言った人をカッコイイと思った。
◇「上手！」とほんの一言だけだったので、気楽に言えた。
◇気分が良くてリラックスしていたので、さらっとほめることができた。
◇利害関係がない相手だったので、ほめても誤解されないだろうと思えた。

今すぐ始められること

相手の素晴らしいところを書き出す

身近な人の素敵なところを、書き出してみましょう。しばらく続けると、心から「すごいなあ」と思えるようになり、ほめやすくなります。

自分の素敵なところを書き出す

人をほめるための練習を、自分自身に対しても使いましょう。毎日、自分をたっぷりほめて、さわやかに「ありがとう」と答えてみましょう。ほめられることに慣れてきて、自然に感謝の言葉が出るようになります。

一言だけほめ言葉を言ってみる

めったにほめないあなたの一言ですから、誰でも大感激するでしょうね。「よく似合うね」「すごいじゃない」など、言いやすい言葉から始めましょう。

気分を良くしておく

気分が良いときなら、自然な笑顔と温かいトーンで、それほど照れずに、さりげなく、その一言が言える可能性が高くなります。

「ほめることで得るものは多いが、失うものは何もない」〈魔法の言葉〉

誰でも「ほめてほしい」「認めてほしい」と願っています。ご機嫌取りと思われるのがイヤなら、まずは利害関係のない人から始めてみましょう。

13 素直に「ごめんね」と言えない

「あ〜あ、言い過ぎちゃった」「Hさんも誘えば良かった」「すごく迷惑かけたな」。こんなことは、誰にでもある経験です。ただ、この後すんなりと「この間はごめんね」と言える人は、案外少ないかもしれません。

心の奥では、「なぜ素直に謝れないんだろう」とじれったく感じているのに、「今さら謝っても遅いよね」「そう簡単に謝るなんて、かえって軽い感じ」「謝ると立場が弱くなりそう」などと思うのです。

何事もなかったかのように平静を装ったり、いつもより愛想良く笑ってみたり、自分でも何を言っているのかわからない言い訳を並べたり、強気ぶって怒鳴ってしまう人もいます。

でも、決して気分は良くありません。相手は怒っている、気まずい雰囲気、このままではいけない、何よりも今回は確かに自分が悪い。それなのに、どうしても謝れないのです。

見えない紐で手足を縛られたようで、苦しいものです。

あなたの宝物

謝ったほうがいいとわかっているあなたは、いい人。「自分が悪かった」と、心のなかでは認められる誠実さと謙虚さを持っています。傲慢な人は、自分が明らかに悪いときでも、「私はいつも正しい。だから謝る必要はない」なんて本気で思ったり、言ったりします。あなたには考えられないでしょう。

また、感受性が豊かで、場の空気を読んだり、相手の気持ちを察し、公平に状況を判断する能力にも優れています。鈍感な人だと、悪気はないのですが、謝る必要性に気づかないので、謝るのが苦手とすら思いません。

しかも誠実な人なので、その場しのぎの「ごめんなさいの安売り」はしません。軽々しく「ごめんね〜」などと言われると、「本当に悪いと思っているのかな？」とかえって不信感を持たれたりするものですが、あなたの場合はそんな心配は無用です。

第一、謝れなくて困っているなんて可愛い！　そんなあなたの愛すべき人柄は、周りにもよく伝わっていますから、謝らなくても、結構、物事がうまくいったりするのです。

それでも変わりたいのなら

あなたはそのままで充分いい人です。でも、いい人だからこそ、「もう少し謝ることに抵抗がなくなれば、楽になれるのに」と思うのかもしれませんね。

それなら、少し工夫してみましょう。「悪かったな」と思ったとき、素直に「ごめんね。勘違いだった」「よく考えたら、私のほうが間違っていた」と言えたら、あなた自身の気持ちはどうなるでしょう？

すぐに許してくれない人もいるかもしれませんが、謝るかどうか迷うストレス、謝っていない後ろめたさ、気まずい雰囲気やモヤモヤは確実に減って、気持ちが安定しそうです。また、相手との親しみや信頼感は確実に増すでしょう。

最初から完璧にやろうと思わず、まずは、今までで少しでも謝れたときのことを思い出してみましょう。

◇自分にとってそれほど重要なことではなかったので、気楽に謝れた。
◇「ごめん」しか言えなかったが、それだけでも雰囲気が良くなった。
◇謝らないでいたら、状況がどんどん悪くなり、ストレスに耐え切れず謝った。
◇イベントをどうしても成功させたかったので、そのためなら早めに謝れた。
◇事情をわかってくれそうな相手だったので、割合安心して素直に謝れた。

今すぐ始められること

些細な謝りやすいことから始める

大事なことだと、考え込んでしまって言葉になりにくいもの。小さなことから始めて、謝る心地よさを実感しつつ、少しずつ範囲を広げていきましょう。

一言「ごめんね」と言ってみる

謝る理由を説明しようと思うと言いにくいので、まずは一言「ごめんね」だけで充分です。練習期間なので、うまくいかないときがあってもOK。来週中に、少なくとも三回は言ってみましょう。

「ごめんねは幸せのキーワード」〈魔法の言葉〉

この言葉を何度も自分に言い聞かせ、「謝るのは格好悪い」という間違った思い込みを捨てましょう。考え方が変わると、行動も変わってきます。

本当にやりたいこと・楽しいことを生活に取り入れる

夢を早く実現したいという純粋な思いが、ムダな迷いや見栄を消し去ってくれますし、楽しい気分でいると、「モヤモヤしているより謝っちゃおう！」と自然に思えます。

「いい人」と思える人を開拓する

良い関係だと謝りやすく、謝るとさらに良い関係が築けます。いい人には素直になれるので、まずは相手に好意を持ち、スパッと謝りましょう。

14 新しいことを始めるのが怖い

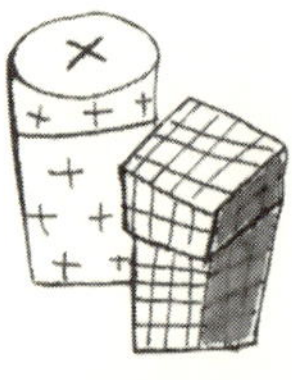

やり慣れていることなら、特別な気合も必要なく、気楽に始められますね。

でも、新しいこととなるとそうはいきません。「どうやったらいいのかわからない」「うまくできるだろうか」と気が重いし、いつもは使わない神経を使うので、考えているだけで疲れてしまいます。

ほとんどの人がそう思うのが当然なところに加え、そもそもこの国全体が「失敗恐怖症」にかかっているようです。そのせいで、私たちは小さい頃から、「失敗は恐ろしいこと」と言われ続け、「失敗することの大切さ、素晴らしさ」や「失敗の活かし方」は、ほとんど教えてもらっていません。

ですから「新しいことを始めて、失敗したらどうしよう」と思うと、不安でいっぱいになったり、「いったん始めたら簡単にやめられない。それなら、最初からやらないほうがいいのでは」と尻込みする人が多くて当然。

でもあなたは、なかなか取りかかれない自分が臆病に感じられて、つらいのですね。

あなたの宝物

あなたは、大人の慎重さを持っている人です。良さそうな話でも、そう簡単には乗りません。本当に始めて良いのか、あらゆる角度からよく考えます。そんな慎重さが、これまでずいぶんあなたを守ってくれたことでしょう。

慎重さゆえに、始めるまではとことん迷って時間がかかりますが、やると決めたら真剣に取り組むので、大体のことは人並み以上の力をつけられます。いくつものことに手を出さない分、関わったことには、確実に経験や実績を積み上げて、相当なレベルまでやり遂げることができるのです。

グループでの活動の場合も同様です。自分だけでなく、グループ全体に気を配ることができるので、あなたのおかげで救われる人も多いでしょう。

どんな活動を始めるときも、間違いのないように、あなたが常に全体に気配り・目配りをしてくれるので、周りは安心していられます。気がつくと、周り中があなたを頼っていることも珍しくありません。

それなのに、自分が万一ミスをしたりすると、心から申し訳ないと思い、身を削るような思いで謝ったり、悩んだりするのですよね。なんて誠実で素敵な人でしょう！

それでも変わりたいのなら

「でも、もっとワクワクしたい」「新しいことを軽々と始められる人がうらやましい」とあなたが思うのなら、一緒に作戦を考えましょう。

さて、ではあなたは、どうなれたらいいと思いますか？

「失敗を恐れずに気楽に始めてみて、ダメそうだったらやめるし、続けられそうだったら続ける」というのはどうですか？「難しいかな？　私に合っているかな？ 好きかな？」など、何事もやってみなければわかりません。

新しいことを始めると、世界が広がって、意外な自分を発見したり、良い出会いがあるかもしれません。そう考えると楽しくなってきませんか。これまで、気軽に新しいことを始められたときのことを思い出してみましょう。

◇簡単なことなら、初めてのことでも、まあまあ気軽に取りかかれるかな。
◇前からとてもやってみたいことだったので、チャレンジする勇気が出た。
◇期限がきて仕方なくやり始めたら、案外おもしろかった。
◇親しい友人が一緒だったので、新しく習い事を始めてみた。
◇すべてがうまくいかずに八方ふさがりだったので、かえって思い切れた。

今すぐ始められること

週一回「新しいことをする日」を作る

楽しく予定を練りましょう。「いつもと違う電車で帰る」「初めてのレシピに挑戦する」「ハガキを書く」「歌を覚える」などの小さな積み重ねが、あなたのフットワークを軽くします。

「夢・目標・してみたいこと」をリストアップする

「あの映画が観たい」「雑誌で見たカフェに行きたい」など、してみたいことを片っ端から書き出し、取りかかりやすいものから順に実行してみましょう。

「とにかく、やってみてから考えよう」〈魔法の言葉〉

何事も「食わず嫌い」はもったいない。とりあえずやってみて、イヤならやめて、楽しければ続けましょう。簡単ですね。怖いことは何も起こりません。

一人きりで頑張らず、親しい人を誘う

一人きりで始める必要はありません。「今度泳ぎを習おうと思うんだけど、一緒にやらない？」と、気軽に誘ってみましょう。

「ピンチはチャンス」〈魔法の言葉〉

ピンチのときほど思わぬパワーが湧いてきて、予想以上の良い成果につながりやすい――人間はそんな力を持っています。そう思うと、失敗ももう怖くありませんね。

15 思い切り笑いたいのに笑えない

「そういえば、最後にお腹の底から笑ったのって、いつだった？」と思う人、案外多いのではないでしょうか。

「毎日忙しくて、いつも何かに追いまくられ、笑う気持ちの余裕なんてない」人たち。急いでご飯を食べ、急いで家を出て、急いで学校や職場に駆け付け、急いで、急いで、急いで……。大笑いするヒマもありません。

また、忙しいわけではないけれど、「付き合いで笑う」「頑張って笑顔を作っている」人もたくさんいます。これはこれで大変そう。

ほかにも、「素の自分」を見せるのに抵抗があって、爆笑したい場面でも、照れたり、何か不安を感じてブレーキがかかってしまい、笑わない・笑えない人も……。

どのタイプにせよ、家に帰ったら大笑いできるならいいのですが、「うちに帰っても、家族全員忙しいし、結局、一人でテレビを見たり音楽を聴いたりだから、そんなに笑うこともないな。まあ、気を遣って笑う必要もないしね」という人が増えています。

あなたの宝物

まず、笑うヒマもないほど忙しい第一グループのあなたは、勤勉で頑張り屋さん。家事、勉強、仕事、趣味に打ち込み、何でもしっかりこなします。あなたへの期待と信頼は高まり、頼まれることも引き受けることも増えて、ますます忙しくなるのです。どの場でも、あなたはなくてはならない人です。

付き合いで笑うことが多い第二グループのあなたは、気配りの人。仲間を大事にし、自分を周りに合わせることができます。場の雰囲気が良くなるように、自分の表情や態度がそれを妨げないように、繊細に心配りをし、笑いたくないときでも笑顔が作れます。周りによく順応し、縁の下の力持ち的な存在として周囲の人々を支えます。

何かの理由があって感情表現を抑えるようになった第三のグループのあなたは、純粋で、感受性の鋭い人です。いつもちょっと控えめに微笑みますが、それがとても上品な奥ゆかしさを感じさせます。騒音だらけの現代社会のなかで、あなたの周りにはホッとする静けさが漂っています。

いずれにしても、みなさん、とても感性豊かで魅力的。しかも、周りの人々の役に立っているのが、おわかりいただけましたか？

それでも変わりたいのなら

ですから、あなたさえ良ければ、どうぞそのままで。でも「ときには思いっ切り笑ってスカーッと楽しみたい！」と思われるのなら、大賛成です。

というのも、「笑い」には、心身の状態を良くする素晴らしい力があるからです。積極的に、できるだけたくさん生活のなかに取り入れたいですね。

あなたは、どうなれたらいいと思いますか？

忙しさを少しだけ減らして、笑える時間と気持ちのゆとりが確保できたら。周りのためでなく、自分自身が心から楽しく笑えたら。人目を気にせず、思い切り笑えたら。今までと何が変わりそうですか？

まずは、今までどんなときによく笑ったか、思い出してみましょう。

◇「笑顔がいいね」と言われてから、笑えるようになった。
◇正月休みに、のんびりとテレビでお笑いの番組を見ていたとき。
◇『〇〇〇』というマンガを読んだとき。
◇友達とカラオケに行って、好きな曲を歌いまくったとき。
◇くすぐられたとき。

今すぐ始められること

一日三回以上、笑顔を作る

あまりに悲しいときは、無理をする必要はありません。でも、「笑顔を作る」

だけでも良い効果がたくさんあるので、ぜひやってみましょう。

仕事を減らして心のゆとりを作る

気持ちに余裕があるときほど、よく笑えます。仕事や勉強を減らしてでも、笑うためのゆとりを作りましょう。笑いが心身に与える効果は絶大です。

一人でも笑えるものを探す

いつも誰かが一緒に笑ってくれるわけではありません。一人でも笑えるものを、今すぐ探し始めましょう。マンガ、お笑い、落語などはどうですか？

好きなことを好きな人と楽しむ

こんなに楽しく幸せなことはないですね。何でもないことでも笑えます。楽しいから笑うし、笑うから楽しくなるという素敵な循環ができます。

誰かにくすぐってもらう

それでもどうしても大笑いする気持ちになれない人は、親しい人にくすぐってもらうのも、充分効果があります。友達、親子、夫婦、恋人同士で、幼い頃のように楽しんでください。

16 「まあいいか」と流せない

「Iさんに任せたけど、ホントに大丈夫かな?」と気になって、「任せたんだから、まあいいか」となかなか思えない。「J子の言ってることって変。何とか間違いを直さないと」と、「J子なりの考えがあるんだから、まあいいか」とはどうしても思えない。相手に完璧を求めたり、自分の考え・やり方を押し付けて、ギクシャクすることも……。

他人に対してだけでなく、自分がしたことにも「どうして、ちゃんとできなかったんだろう」と後悔し、「あれで精いっぱいだったんだから、まあいいか」とは思えない。

そういう人は何事につけ、「こうでなければいけない」という明確なイメー

ジや考えを持っているので、少しでもそれと違う方向にいくと、落ち着きません。「大体でいい」とか「まあ、そのときの様子で」なんていうやり方は、イライラするだけでなく、不安にさえ思えるのです。ときには夜も眠れず、体調までおかしくなることもあります。

物事が思い通りに進んでも進まなくても、どちらにしても常に神経が張り詰めています。ストレス過剰になり、疲れ切ってしまうことも多いはずです。

あなたの宝物

あなたは向上心が豊かで、高い目標を持っている人です。ほかの人ならそれなりに満足するレベルでも、「まだまだできるはず！」と、さらに頑張ります。ですから、何をしても、相当なレベルに到達することができるのです。

そんなあなただから、やる気のない人を見ると「信じられない」と思うし、人に任せるのが不安で、自分で引き受けることも多いでしょう。「あのままじゃ心配だから、あの人の実力がつくように教えてあげよう」と、ほかの人を指導することにも熱心です。

また、正義感が強く、曲がったことは大嫌いなので、間違いや矛盾を正そうと真剣に取り組みます。納得していないのに、なんとなく「そうかもね～」なんて、絶対に言いません。中途半端、曖昧、妥協を好まず、ときには憎まれ役になっても、「白は白、黒は黒」と言い切れる人です。

自分にも妥協を許さず、ほかの人なら気にしないような小さなミスでも、真剣に猛反省します。そういうあなただから、当然、周りから絶大な信頼を得ていますし、あなたがいてくれるからこそ、全体が馴れ合いにならずピリッと締まって、良い結果を出すことができるのです。

流されやすいこの国全体にとって、貴重な存在ですね。

それでも変わりたいのなら

そのままでいてほしいくらいなのですが、もしあなたが「ときには『まあいいか』と思えたら楽だろうなあ」と感じるのなら、ちょっとだけ工夫をしてみましょう。

今より少しだけ、自分にも相手にも「いい加減」になってみたら、どんな良いことがありそうですか？　「絶対こうあるべき」から「理想の出来じゃないけど、今回はこれで、まあいいか」「白でも黒でもどっちでも、まあいいか」と思えたら？

今までほど「きちんと」「しっかり」はできないかもしれませんが、その代わり肩の力が抜けて、楽な雰囲気が漂うかもしれません。そして、リラックスした分、かえって良い結果が出たり、未来にエネルギーが注げるかもしれません。自分も人も責めることが減るので、それだけでも楽ですね。

これまでのあなたの人生で、これに近い経験をしたこと、ありませんでしたか？

◇自分にとってそれほど重大なことではなかったので、こだわりが少なかった。
◇はっきり大丈夫とわかれば、理想通りでなくても、まあまあ妥協できる。
◇相手が良い人だったので、「この人がそう言うのなら、まあいいか」と思えた。

◇気分が良かったためか、「まあ、それはそれでいいか」と思えた。

◇頑張って頑張って、疲れ切ってしまったとき、「もうどっちでもいいや」と思った。

今すぐ始められること

重要度が低いものをリストアップする

「重要なこと」と「それ以外」を区別し、「それ以外」のなかでも一番取りかかりやすいことで、「これくらいできていれば、まあいいか」「任せたんだから、まあいいか」と思う練習を始めましょう。声に出すとさらにいいですね。

「今日の良かったこと」を十個書き出す

「家族が全員無事だった」「三食きちんと食べられた」「アイロンがけが上手にできた」などと毎日書き続けていくと、「結構いいじゃない」と思うことができます。

相手の長所を十個書き出す

「いい人だな」と思えるとき、私たちは心が柔らかくなり、「まあいいか」と思えることが増えます。それによって一番楽になれるのはあなた自身です。

気分を良くしておく

気分が良いとき、自分にも他人にも寛大になり、楽天的になることができます。すると、こだわる必要のないことが増え、「まあいいか」と思えるのです。

「いい加減は良い加減」〈魔法の言葉〉

完璧だけど楽しくないのと、完璧ではないけど楽しいのと、どちらがいいですか？ もし後者なら、疲れ切ってしまう前に、「まあいいか」と思う練習を始めましょう。

17 人に注意したくてもできない

「K君、いつも遅刻するのやめてほしい」「どうして課長は人の話を聞かないんだろう」。一緒に過ごす時間が多い人が自分勝手な行動をすると、こちらは不愉快でイライラするし、実際、困ってしまいます。

本人がいないところでは、みんなで「もうヤダ。ひどくない？」と言わずにはいられません。悪口というより、真面目にやっている人にとって、本当にストレスだからです。誰かに話して気分を紛らわせないと、具合が悪くなりそうなほど。

でも、本人が目の前に現れたら、とりあえず違う話題に移って、それなりに普通の態度で接してしまうのです。きちんと注意したいけれど、なかなか言え

ません。

「何とか我慢できるし、直接言って気まずくなるのもイヤだし」「口うるさい人と思われたくないし」などと考え、言えなくなってしまうのです。

でも、またその人が困った行動をすると、内心「ムム……」とストレスを感じ、「やっぱり言おうかな？」と思いつつ、結局、言わないまま日が過ぎていきます。

あなたの宝物

たとえ迷惑をかけられても、普通の態度で対応できるあなたは、とびきりの平和主義者。争い事よりも、自分が我慢するほうを選びます。いい意味での大人なのです。気持ちをコントロールする能力が非常に高いのでしょう。

相手の行動が明らかにひどいものであっても、何とか自分の気持ちを立て直し、「まあいいか」と思える強さと柔軟性を持っている人です。

しかも、迷惑をかけられる側の気持ちもわかっているので、行動には人一倍気をつけ、相手を不快にさせるようなことはしません。「人に優しく、自分に厳しく」です。

そんな素敵な人柄のおかげで、良い仲間にも恵まれ、ストレス発散や楽しみのためのおしゃべりも充分できています。健康的でいいですね。

慰め合える友達や知り合いは、お金では買えない宝物。一人でストレスを抱え込んでつらくなり過ぎるより、早めに言葉にして誰かに聞いてもらうのは、決して陰口ではなく、生きていくための大事な能力です。溜め込まないから、困ったさんに対しても冷静な対応ができ、自分自身と周りを守ることができるわけです。

これからも、あなたにしかない温かいオーラを出し続けてください。

それでも変わりたいのなら

ただ、「言わないことで自分も周りも守るつもりが、かえってすごいストレス」とか、「大事なことだから注意しようと思ってもできなくて、モヤモヤしてしまう」と思うのなら、あなたがもっと自由で楽になるために、ちょっとだけ工夫してみましょうか。

さあ、あなたは、どんなふうにできたらいいなと思いますか?

「本を貸すのは全然構わないんだけど、もう少し早く返してもらえると嬉しいな」とさりげなく、さっくり言えたらどうですか? 「ほかの人の秘密をばらしちゃダメよ。友達なくすよ」とキッパリ言えたら、自分をどう思えるようになるでしょう?

あなたの温かい人柄を活かしてさりげなく注意できれば、あなたはスッキリ、相手も納得。二人の関係はさらに良くなりそうですね。さあ、できることから始めてみましょう。

それには過去の良い経験が大切なヒントになります。

◇ほかのことはともかく、嘘だけはイヤなので、思い切って注意した。
◇それほど親しくない人だったので、割合気楽に「時間守ってね」と言えた。
◇グループの一人があまりに約束を破るので、ほかのメンバーと一緒に注意した。

◇「君は遅刻さえしなかったら、すごくいいんだよね」と言われたとき、嬉しかった。

◇文化祭を成功させたかったので、サボり気味のメンバーに「やってね」と言えた。

今すぐ始められること

「これだけは譲れない」ことを決める

「これだけは」というポイントを決め、それに関してだけは、いつもより少し勇気を出しましょう。それ以外は今まで通り軽く流してOK。そのくらいが楽です。

注意したいことを書き出し、言いやすいこと・言いやすい人からチャレンジ

実際の場面をイメージし、「必ずメモを取ってね」「ダメなときは早めに連絡してね」「期限は守ってて」と、言葉に出して練習します。構えずに、あっさり

言うのがコツ。

「一人で頑張らなくてもいい」〈魔法の言葉〉

魔法の言葉を自分に言い聞かせ、協力してくれる人を探します。協力者と力を合わせて、溜め込む前に注意するように心がければ、冷静に対処できます。

長所を伝えながら行動だけ注意する

相手の長所を実感し、それを伝えながら、行動についてだけ注意をします。「楽しいおしゃべりはあなたの素敵なところ。でも、噂話には気をつけて」「大らかなのはいいところ。ただ約束は守ってね」という言い方をしてみましょう。

夢が叶った喜びをイメージする

そうすると、勇気が湧いてきて、注意することへの抵抗がぐんと減ります。しかも気分がいいので、「○○してくれると嬉しいな」と、プラスの言葉が使えます。

18 アドバイスを素直に聞けない

「今やろうと思ってたのに、ガーガー言われてやる気が失せた」――よくある光景です。「時間を守れって言うけど、自分だって遅れることあるじゃない」――説得力ゼロです。

それでは、立派な人から「できない約束ならしないほうがいい」「敬語の使い方には気をつけて」「それくらい自分でやれば?」「イヤなら断りなよ」などと言われたら、どうでしょうか?

イヤー、参った。もっともで返す言葉もありませんが、図星なことを言われたときほど、かえって反抗心が湧いて、素直に聞けないのが人間です。

また、「周りの影響は受けない、自分らしく生きる」と頑張っている人のなかには、自分の世界が侵されるのを嫌って、言われたことの反対のことをする人もいます。言う通りにすると、負けたような気がするのです。

でも、心のどこかで「どうしてもっと素直に、『そうだね、やってみるよ』って言えないんだろう?」とも思ったりするのです。

あなたの宝物

あなたの素敵なところは、「アドバイスをもらえることの大事さ」に本当は気づいているところです。だからこそ「もっと素直に聞けたら」と思うのです。

人間ですから、間違うときや未熟なことがあって当たり前。だからこそ私たちは、お互いにアドバイスし合って支え合い、より良い自分に近づいていくことを楽しめるのです。

それでも素直になれないのは、あなたが人一倍、反省できる人だから。反省しているのに、痛いところをつかれるので、言い返したりムッとするのでしょう。これは、それ以上自分が傷つくのを防ぐための、健全な自己防衛反応です。

それに「ちょっとまずいな」と自分でわかっているので、納得したら、今以上にどんどん素敵な人に成長していける人でもあります。

また、自分らしさを失いたくなくて、アドバイスの逆を選んでいるあなた。わざわざ逆をいくのは相当なエネルギーや覚悟が必要なのに、それでも、その生き方を選ぶ勇気は見上げたものです。常識にとらわれない、個性的な世界を作っていくことでしょう。どんな世界ができるのか、楽しみですね。

それでも変わりたいのなら

ただ、「たまには、もう少し素直に忠告を受け止められたらいいのに」とあなたが思うのなら、それはとてもいい考えだと思います。

自分でも気になっていることを注意されたときに、「そうだね、気をつけるよ」とさわやかに言えたら、今までと何が違ってきそうですか？　忠告してくれた人との関係は、どうなりそうですか？

個性的な世界を築いているあなたも、アドバイスのなかで自分の感性に合うものを、試しに取り入れてみたらどうでしょう？　あなたの世界にどんな影響を与えそうですか？

少し心が解放された感じがして、「どうすればうまくいくかな？」とさらに聞いてみたくなるかもしれません。人間関係も楽になりそうです。今までにも、ちょっとそんな感じだったときがあったでしょう？

◇自分を否定した言い方ではなかったので、「そうしようかな」と思えた。
◇いい人だなと思っている人に言われたので、割合素直に「はい」と言えた。
◇「言われるのは期待されている証拠」の一言に、素直になるほどと思った。
◇ほかのことでできている自信があったので、「気をつけます」と反応できた。
◇英語が上達したいので、そのアドバイス・忠告なら受け入れられる。

今すぐ始められること

「私はいい人。今のままで大丈夫」〈魔法の言葉〉

この魔法の言葉を、繰り返し自分に言い聞かせましょう。この言葉を本気で信じられたら、どんな忠告も今より落ち着いて聴けるはず。そして、もっと素敵に成長できます。

相手を「いい人」と思う

好きな人からの忠告なら、素直に聞きやすいものです。「いい人」と思える人を増やし、その人からのアドバイスには素直に耳を傾けてみましょう。

忠告してくれる人に感謝する

忠告するのは、じつはエネルギーが要ります。「言うほうも疲れたろうな」と思えたら、傷つくどころか、ありがたいと思えます。

得意分野を一つ作る

忠告を受けると自分が否定されたようで傷つく人は、得意なことがあれば、自信からくる余裕でほかのことへの忠告は楽に聴けます。

夢や目標を持つ

手に入れたい夢や目標があると、ほかの人からのアドバイスが積極的に欲しくなります。そのなかから、あなたの感性に合うものを選べばいいのです。

19

感情のまま突っ走ってしまう

「ひど過ぎる！」と思ったとたん、「どういうこと？ もう最悪！」と、怒りが口から飛び出す。我ながら言い過ぎと思うのだけれど、止まらない。

自分が何かミスをしたときも、「ああ、やっちゃった。もう何をやってもダメ」と、あっという間に自己嫌悪や挫折感から絶望感にまでまっ逆さま。

勇気を出してメールを送ったのに、一日経っても返事がないと、「やっぱり私、嫌われているんだ……」と思い込んで、殻に閉じこもってしまう。

また、嬉しいことが起きたときも、「聞いて聞いて！ 彼とうまくいきそうなの。嬉しくて信じられない！」と、もう止まらない。すごい勢いです。気がつくと、相手はすでに引き気味……。

脅されたときも同様です。「これを身に付けないと不幸になります」なんて言葉にも即反応。結構な値段のものでも買ってしまって、後から「やられた！」と気づく……。

こんな経験、一度もないとしたら、よほどの人格者です。

あなたの宝物

あなたは、とてもわかりやすくて、可愛い人。気取ったり、飾ったりせずに、ときどきの感情をすぐに言葉や態度に出してくれる人。

ガラス張りのように心のなかがよく見えるから、あなたといると、「この人、顔は笑ってるけど、ホントは何考えているんだか」なんて余計な気を回す必要がありません。「裏表がない」とも言えます。「裏表がない」って最高のほめ言葉の一つだと思いませんか？

そもそもが感情豊かな人。喜ぶとき、怒るとき、悲しむとき、すべて心の底から感じます。それが言葉や態度や表情にほとばしり出るのでしょう。感情表現が苦手な人からすれば、うらやましい限りの長所です。

感情をすぐに表現できるので、表現しないために起こる誤解は避けやすいですし、ストレスがどんどん溜まって後から大爆発！ ということも起きにくい。

周りとの小さな衝突はあるかもしれませんが、それはそれで人間なら当たり前のこと。その衝突すら、何だか温かい人間味を感じさせてくれます。

周りから「憎めない人」と思われている、得な人なのです。

それでも変わりたいのなら

でも、「早とちり過ぎたり、手が出ちゃうのはやっぱりどうかと思う……」と思っているあなた。確かに、あなたのその豊かな人間味に冷静さがブレンドされたら、鬼に金棒でしょう。ほんの少しだけ工夫してみましょうか。

まず、あなたのなりたい状態をイメージしてみましょう。

誰かがあなたを誤解して責めたとき、カーッと怒ったり、絶望的になる代わりに、一呼吸置いてから「誤解よ、私じゃないわ」と冷静に伝えられたら、どうでしょう？　どんな気持ちになって、どんな良いことがありそうですか？

余計なトラブルや後悔が減って、気持ちが安定するかもしれません。そんな自分に自信が付いて、今まで以上に快適な毎日が過ごせそうですね。

これまでも、それに近いときがあったはずです。思い出してみてください。

◇そばにいた人が「深呼吸」と言ってくれたのが良かったみたい。
◇忙しくなかったためか、いつもほどカッとならずに、自分の考えを言えた。
◇大好きな人だったので、何とか誤解を解きたくて、冷静になろうとした。
◇後になると、「あれを確かめておけば、こんな事態は防げたのに」とわかる。
◇やりたいことを手に入れるのに必要だったので、ミスしても続けられた。

今すぐ始められること

深呼吸・腹式呼吸をして、神経を安定させる

「一呼吸置く」という言葉がありますが、深い呼吸は生理的にも心理的にもよい効果があります。腹式呼吸を身につけ、ここぞというときに行って、自律神

経のバランスを安定させましょう。

ゆっくり十まで数えてから落ち着いて考える

それまでと違う習慣を身につけるには、少し練習が必要です。でも、それができるようになると気分が落ち着き、「やっちゃった!」ということが減ります。

身近な人の長所を書き出す

その人とこれからも良い関係でいたいと思えば、自然と「冷静になろう」「相手を責めずに丁寧に説明をしよう」と思えます。

とっさに使える質問を書き出しておく

不必要なトラブルを避けるために、「疲れてる?」「いつそうだったの?」「どういう意味?」「なぜそう思うの?」などの質問を用意しておいて、普段から練習をしておきます。それが「一呼吸」になります。

夢が叶った状態を書き出し、その紙を持ち歩く

絶望してパニックになりそうなとき、その紙を取り出して読みましょう。気持ちが落ち着き、何をしたらいいか考えられるようになります。

20

夢中になれることがない

好きなことで生きていく。もちろんそれは素敵なことですが、「好きなことが見つからない」と悩んでしまう人は少なくありません。

何かに夢中な友人が目を輝かせて活動し、語るのを見聞きすると、夢中になれるものを持たない自分が、個性のないつまらない人間に思えて、落ち着きません。

「あなたの夢は何?」なんて聞かれようものなら、逃げ出したい気分。「ええっと、今は別に……」と、小さな声で口ごもったりします。「私の人生ってホント平凡。立派な夢なんてないし、将来どうなるかわからないことに夢中になる勇気もない。私、ダメ人間なのかな……」と自信をなくしてしまう人もいます。

「好きなことで生きていい」が、いつの間にか「好きなことで生きなければ！」に変わってしまって、息苦しく感じているのかもしれません。

あなたの宝物

あなたのバランス感覚は天下一品。何かに夢中になる代わりに、落ち着いて客観的に状況判断ができる人で、周りに温かい安心感を与えます。

「○○になる！」という夢を持ち、それに向かってまっしぐらという人生は本当に素晴らしい。でも、そこまで夢中になれるものが見つかる人はじつはめったにいませんし、そうでないあなただからこそ、できることがあるのです。

あなたは、日々の何気ない一コマを情感豊かに感じ取り、特別ドラマチックなことがなくても、いろいろなことを柔軟に楽しむことができます。

また、気持ちにゆとりがあるので、穏やかな人間関係を作るのも上手。そうやって、ほのぼのとした人生を歩んでいるあなた。なんて素敵な生き方でしょう！　一つのことに深くはまり過ぎないことは、強みでもあるのです。

変化が激しく、誰もがゆったりした癒しを求めている現代において、安定感・癒し力を持つあなたには、存在感があります。だから、もしあなたの周りに、自分の夢を熱く語る人がいたら、安心して耳を傾け、「この人も素敵だし、私だってなかなか魅力的」と思ってください。

それでも変わりたいのなら

でも、「何か夢を持って、もう少しワクワクしたり、充実感を感じたい」とあなたが思うのなら、ご一緒に作戦を練りましょう。

さあ、あなたは、どんなふうになりたいですか？

やりたいことが見つかり、それに向けて具体的な目標が立てられる。毎日、毎週、何をしたらいいかはっきりわかる。一生懸命取り組むから、成果に結びつきやすい。さらに次の目標が見えてきて、またまたやる気になる。

なかなかいいですね。そうなったら、「今、何をやっているの？」という質問も怖くないし、何より心が晴れ晴れとして毎日が楽しくなりそう。次々と目標を達成していくうちに、思いがけない自分自身との出会いや、人との出会いもありそうです。

今までにも、「あのときも、ちょっとこんな感じだったな」というときがあったはず。

◇英語が好きなので、英会話のテキストが欲しくて、自分で買いに行った。
◇英会話スクールに通いたくて、いろいろ調べた。
◇海外旅行のとき、困らない程度に話せるように、熱心に英会話を練習した。
◇より高いレベルを目指して、英語の検定試験に挑戦した。
◇「世界を飛び回るような国際的な仕事につきたい」と思うようになった。

今すぐ始められること

やってみたいことを書き出す

できる・できないに関係なく、やってみたいことをどんどんリストアップしましょう。「チーズケーキが食べたい」「温泉に行きたい」など、何でもOK！

誰かと一緒に夢を書き出し、見せ合いながら話す

誰かと一緒なら、ますます盛り上がって楽しめます。お互いに忘れかけていた夢を思い出したり、新しいアイデアをもらえたり、思わぬ発見があります。

書き出した夢を「大・中・小」に分類する

細かく考えずに、大体の感覚で分けていきましょう。同じ内容でも、人によって分類するサイズが違うかもしれませんが、自分のペースを大切に。

小サイズの夢のなかで何から取りかかるか決める

たとえば、「雑誌で見た雑貨店に行ってみる」だとしましょう。さあ、誰と、いつ、どんなファッションで行きましょうか？　考えるだけでも楽しいでしょう？

小サイズの夢を中サイズに育てる

たとえば、「雑貨店に行ってみる」という小サイズの夢を育てると、「休みごとに雑貨店を回って、ブログに感想を書く」という中サイズの夢になるかもしれません。さらに大サイズの夢に育てることも。ワクワクしてきますね。

21 「いい人」になりすぎて疲れる

いつも優しく、穏やかで、頼まれ事は必ず引き受け、頼まれないことでも率先して行い、言われたことには口答えせず素直に従い、愚痴も言わず、人を責めたりせず、何かあれば真っ先に反省し、笑顔を絶やさず、周囲への気配りも忘れない……。

うーん、人間ワザとは思えません！　でも、こういう人は結構いるのです。「自分がどうしたいか」よりも「相手が・みんながどうしたいか」を優先し、「もめ事が起きるぐらいなら、自分が我慢したほうがいい」と思うのですね。

つらくて泣きたいときも、怒りたいときも、一生懸命に心を落ち着けて、相手の立場や事情を考え、イヤな顔一つせず、相手のため・みんなのために「いい人」でいます。

でも、ときどき、そんな自分を「私、どうしていつもいい子しているんだろう」と歯がゆく思い、空しくなったり、どっと疲れが出たりします。さらに疲れが溜まると、「もう、いい子はやめよう!」と思うのですが、なかなかうまくできず、爆発しそうになることもあるくらいです。

あなたの宝物

よくそんなふうにできるなと、ただただ感心してしまいます。

感受性が鋭く、想像力も豊かなので、周りの人の思いや期待が手に取るようにわかってしまうのでしょうね。そのうえ、とても優しいので、「できるだけ応えてあげたい」と心から思うし、実際、さまざまな分野で期待に応えられる高い能力を持っています。

あなたの優しさと感受性ではもめ事は耐え難いので、自分の気持ちと身を削ってでも、衝突がないよう行動するのですね。

しかも、相手に負担をかけたくないから、いかにも「やってあげるわよ」という顔はせず、自然な笑顔で、さりげなくこなします。つらいときでも、そのさりげなさゆえに、周りはまさかあなたが内心大変な思いをしているなんて気づきません。それでも、あなたは頑張るのです。

その秘めた強さは、なかなか真似できるものではありません。

そんなあなたに、いつの間にかおんぶに抱っこ状態で甘えている人は、たくさんいるはず。家庭、学校、職場と、どこでもあなたの存在価値は絶大です。

それでも変わりたいのなら

あなたのおかげで周りはありがたい限りですが、もしあなた自身が「いい人」になり過ぎてつらいなら、また、「いい人」でいるためのストレスをほかの人や自分にぶつけてしまうようなら、ちょっと工夫したほうがよさそうですね。

初めはドキドキするかもしれないけれど、「どうしても都合がつかないな」「私は違うことをやってみたいの」「一人ではちょっと無理かな」とさりげなく言えたらどうでしょう？　「悪い人」になってしまいそうですか？

そんなことはありません。気を遣いすぎず、伸び伸びと自然体で、自分を大切に生きるあなたの姿に、周りの人はきっと安心して喜んでくれるでしょう。

今まで、それに近い感じはありましたか？　あったら、それがヒントです。

◇マイペースで生きている人を見ると、「あんなふうになれたら」と憧れる。

◇夜中にテレビを見ていたら、親に怒られたが、どうしても見たかったので見続けた。

◇外で「いい子」でも、家でイライラしていては意味がないと思った。

◇あまりに疲れたとき、「それは無理です」と言ったら、意外と大丈夫だった。

◇あの先輩だけには、結構言いたいことを言えるし、自然体でいられる。

今すぐ始められること

長所・できていることを二十個書き出す

あなたは、そんなに頑張らなくても、そのままで充分いい人。自分自身の良さを実感できると、マイペースな毎日が送れるようになっていきます。

やりたいことを探して実行に移す

小さなやりやすいことを選ぶのがコツ。思わぬエネルギーが湧いてきて、「今日は予定があるから」などと、きちんと伝えることができるようになります。

「自分を大切にするのは相手のためでもある」と唱える〈魔法の言葉〉

魔法の言葉を自分に言い聞かせながら、「イヤなものはイヤと言う」「やりたいことを優先する」「無理に笑わない」などの自分を守るルールを作り、実行します。自分を守り始めたあなたを見て、周りも安心するでしょう。

疲れ切る前に本音を言うクセをつける

あなたの代わりはいないのですから、心身ともに疲れ切る前に、言いやすい相手に、言いやすいことから、率直に思いを伝える練習をしましょう。

本音を言える友達を増やす

まずは一人から始めましょう。いい人と思われようなどと考えず、オープンに「私、今のままだと疲れちゃう」と伝えることで、良い関係が作れます。

22 ついつい人と比べてしまう

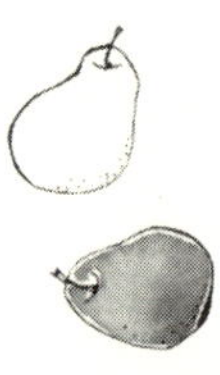

「Nさんはスタイルがいいのに、私は……」「彼女は大企業の正社員なのに、私は……」「あの人はみんなに好かれるけど、私は……」。私たちは、いつもほかの人のことが気になって仕方ありません。

容姿、成績、仕事、彼氏はいるか、どんな彼氏か、結婚しているか、収入はどうか、どんな家に住んでいるのか……比べ出したらきりがありません。

しかも、自分が元気なときはそれほどでもないのに、ちょっと落ち込んだときに、特に比べたくなる傾向があるようです。

「なぜ、あの人（みんな）はうまくいっているのに、私はダメなの？」と、腹立たしいような、悲しいような、焦るような複雑な感情が湧き、ひどく自分に自信がなくなったりします。

それは、単純にうらやましいというのより、もっとつらい気持ちです。

それなら比べなければいいと思うのですが、見たり聞いたりした情報は無視もできず、気がつくと、ついつい誰かと比較してしまっています。

あなたの宝物

優れた観察力と豊かな感受性。これがあなたの強みです。さらに、それを使って、ほかの人の良いところに気づく能力を持っているのが素晴らしい！

この能力は良い人間関係を築くための基本で、幸せな人生には欠かせません。

自信満々で人のことなど気にもかけない人と、仲良くなりたいですか？　誰でも、自分の良さをわかってくれる、あなたみたいな人を求めています。

しかも、「あの人みたいに夢を持ちたい」「Oさんみたいに好かれる人になりたい」と思えるのは、立派な向上心です。向上心がなければ、人のことなど気にもならず、比べもしないでしょう。

そして、「彼女は人の話をよく聴くから信頼されるのね。真似してみよう」「Nさんは毎日走っているからスタイルいいんだ。すごい」というように、比べることで自分が成長するヒントを得て、実際に目標に近づいていける人です。

ときには「大企業でストレスだらけの彼女より、小さい会社でも楽しく働けているからいいわ」と、比べることを自分の元気回復に使うこともありますが、心ひそかに思うだけで相手を傷つけないのなら、それも立派な生きる知恵です。

それでも変わりたいのなら

ただ、「いつも人より自分がダメな気がしてつらい」のであれば、もう少し楽に生きられる方法を考えましょう。

誰とも比べないことは人間ワザではないので、まずは長所を見抜く目を自分自身に使って、自分の素敵なところを実感してみましょう。

そのうえで、「あの人は話し上手で素敵。私は聞き上手で素敵。両方とも素敵」と思えて、ときには「あの丁寧な話し方、ちょっと参考にしてみよう」と思えたらどうでしょう？　毎日がどんなふうに変わりそうですか？

比べるときのザワザワした不快感が減って、その分、人に会うのが前より楽しみになったり、マイペースの時間が増えて、自分を「いい感じ」と思えそうでは？

今までも少しだけそういう感じに近いときがあったら、何よりのヒントです。

◇泳いでいるときの水の感覚が大好きで、そのときは完全にマイペース。
◇手先は器用だと思うので、手先を使う活動だと、気持ちが落ち着く。
◇「美容関係に進もうかな？」と何となく思ったとき、少しホッとした。
◇登山をして自然の大きさに感動し、細かいことはどうでもいい気がした。
◇ボランティアをして「ありがとう」と言われたとき、自分を大切に思えた。

今すぐ始められること

楽しいことを生活にたくさん取り入れる

「好きな音楽に合わせて歌う」「午後のお茶をゆったり飲む」「好きなお香をた

く」などは人と比べる必要がないので、リラックスして存分に楽しみましょう。

長所を見つける特技を自分に使う

苦手なことは放っておいて、得意なことに目を向けましょう。自分の得意なことをたくさん書き出し、得意なことをする時間を増やして、「私、結構やるじゃない」と実感してください。

やりたいことを書き出して実行する

やりたいことはあなた専用。人と比べる必要がありません。実現すること・実現に近づくことを、純粋に楽しんでください。

海や山など大自然に浸る

大自然に触れると、「小さなことで比べなくていいんだ」という癒しと、「私もこの偉大な自然の一部なんだ」という感動の、両方を感じることができます。

人の役に立つことをする

お年寄りの介助、家事の分担、地域の清掃などをして、誰かの役に立っていると感じられると、人と比べる必要がなくなり、自分を大切に思えてきます。

23 全て「自分が悪い」と思ってしまう

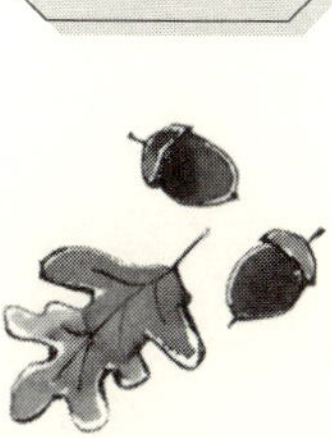

昔、「電信柱が高いのも郵便ポストが赤いのも、みんな私が悪いのよ」というセリフが流行りました。「Pさんがつまらなそうなのは、私の話がおもしろくないから」「いじめられるのは、私が変だから」「この仕事量で疲れるのは、私が弱いから」と、「何でも自分のせい」と思う人が多いからでしょう。

でも、もしかしたら、Pさんは単に眠かっただけかもしれませんし、あなたといるとホッとして落ち着いた気分でいるのかもしれません。また、あなたをいじめた人は、何かつらいことがあって、優しいあなたに八つ当たりしたのかもしれません。一生懸命に課題に取り組む真面目な人が体調まで壊すとしたら、会社のシステムのほうを根本的に変える必要があるのかもしれません。

それでも、あなたは「やっぱり私が悪い」と思い、そのつらい気持ちで自信をなくし、おずおずと行動するので、そういう自分をまた責めてしまいます。

この悪循環で、身体だけでなく心のエネルギーまで下がってしまいます。

あなたの宝物

「自分が悪い」と思う人に、本当に悪い人は一人もいません。懸命に取り組み、その結果、体調を崩したりすると、「やり過ぎた自分が悪い」「弱くて周りに申し訳ない」と思うのでしょう?

自分を責めるより、人のせいにしたほうがずっと楽なのに、「人に優しく、自分に厳しい」とはなんて健気な人でしょう。

優しくて控えめで謙虚。宝石にたとえたら真珠、草花ならスズランやスミレのような人ですね。派手に目立つわけではないけれど、人の心をそっと休ませてくれる、心の清らかさを持っています。

また、単に優しいだけの人ではありません。そこまで反省できるというのは、とても芯の強い人。だからこそ、さらに成長できる人でもあります。

しかも、その強さは、相手を脅かす攻撃性ではなく、「この人なら受け止めてくれる」という、心から信頼できる温かい誠実さです。

そんな優しくて強いあなたを見て、心が洗われるような思いで応援している人や、「この人なら絶対、私を責めたりしない」と安心して頼る人も、たくさんいることでしょう。理不尽なことの多い現代社会で、あなたのような人に出会うと、ホッと救われる思いがします。

それでも変わりたいのなら

でも、「自分を責め過ぎてうまくいかず、それでまた自分を責める……」という悪循環はつら過ぎますね。

もし、「期限に間に合わなかったことは反省しよう。ただ、私は精いっぱい頑張った。次からどうしたらいいのかを考えよう」と思えたら、どうでしょう？　あなたのなかで、どんな良い変化が起きてきそうですか？

縮こまっていた気持ちが少し楽になり、いつも何かを恐れて自分を責めていたエネルギーと時間を、ゆったりすることや楽しむこと、(必要なら)冷静に対策を考えたり、それを行動に移すことに使えそうですね。そういう自分を、あなたはどう感じるでしょうか?

何から取りかかれるか、過去のあなたのなかにヒントを探してみましょう。

◇嬉しいことがあると、何か問題があっても自分を責めないでいられる。
◇時間厳守には自信があるので、それについては自分を責めたことがない。
◇合唱祭で負けたけれど、必死でやった結果なので、「仕方ない」と思えた。
◇つらくて人に相談したら、「あなたは悪くない」と言われ、楽になった。
◇自分を責めて体調を崩したとき、これが一番周りに迷惑をかけると思った。

今すぐ始められること

毎日「良いこと日記」を書く

「できなかったこと」ではなく「できたこと」に注目するクセをつけると、気持ちが前向きになり、その分、自分を責める気持ちが減っていきます。

自分の素敵なところを知る

自分の長所、好きなこと、得意なこと、やりたいことを書き出しましょう。「私って結構いいかも」と思えることが増えると必要以上に自分を責めません。

「できた」のレベルを少し低くする

すべてを必死にやっていたら、心身ともにすり切れてしまいます。「結構できた」「まあまあやった」ときも、自分に「よくやったね、良かったね、頑張ったね」と言ってあげましょう。

信頼できる人につらい思いを話す

一人で考え込まず、信頼できる人に気持ちを聴いてもらうと、心が軽くなります。そのうえで安心したり、次の行動を考えたりしましょう。

「周りのためにも自分を責め過ぎない」〈魔法の言葉〉

あなたが元気で楽しく生きることが、あなたと周りの両方にとってもっともハッピーなこと。自分を責めそうになったら、この言葉をつぶやいてください。

24 過去の嫌なことが忘れられない

「みんなの前で注意された」「昔、親にダメな子と言われた」「友達にダサいとからかわれた」「あの日、大失敗した」。こんな過去のつらい体験が、何度もフラッシュバックし、何日どころか何年経っても頭から離れないことがあります。

今でもつらいし、自信が持てないし、思い出すと怖くなってなかなか次に進めない……。過去に起きたイヤなことに、いつまでもとらわれてしまうのです。

また、「～すれば良かった（～しなければ良かった）」という後悔の気持ちを、いつまでも引きずっている人も少なくありません。これも「過去に縛られて動けなくなっている状態」と言えるでしょう。

そのせいで一番大切な「今」と「未来」に希望が持てず、何も楽しめなくなり、さらに、そういう自分を見て自己嫌悪に陥るのです。悪循環なのはわかっているのでしょうが。

その循環が続くと、「気が滅入る」「何もやる気が出ない」「不安でたまらない」など、気持ちのバランスがおかしくなるだけでなく、体調まで崩すこともあります。

あなたの宝物

あなたの心はとても柔らか。言われた言葉も、自分がしたことも、しっかりその心に刻まれます。記憶力が抜群なのはもちろん、感受性が人一倍豊かなのですね。しかも謙虚で真面目なので、相手の言葉を本気で聞くし、自分のしたことも真剣に反省します。

「真面目」と言われるのはイヤですか？　でも、本当に幸せになれるのは、あなたのような真面目な人なのです。そういう自分を、ぜひ誇りに思ってください。

そういうあなただから、何か問題にぶつかったときは、適当にごまかしたりせず、「なぜあの人はああ言ったのだろう？」「一体何が悪かったのだろう？」と、何度でもその問題を真正面から考えます。そして、改善できるところを一生懸命探し出し、しっかり反省するので、その経験を次に生かすことができるのです。

「失敗は成功の母」というのは、あなたのためにあるような言葉。人生、思うようにいかないときもたくさんありますが、あなたは、すべての経験を自分の栄養にして、確実に成長していける人です。

「前は目立たなかったけれど、何だか最近素敵ね」という人、いますよね。あなたはまさにそういうタイプ。年を重ねるほどに魅力が増してくる人です。

それでも変わりたいのなら

ただ、あまりにも過去に縛られて、生きていくのがつらくなってしまうのなら、もっと楽になれる方法を考えましょう。

あなたは、どうなれたらいいと思いますか？

試合に負けた水泳選手が「ああ、何でターンを失敗しちゃったんだろう。ダメだなあ」とつらい思いを引きずるのと、「ターンのタイミングがずれていたみたい。次の試合では気をつけよう」と思うのと、どちらが楽そうですか？　やる気が湧いてきそうですか？

もちろん、すぐにこんな割り切り方ができなくていいのですが、ほんの少しだけ、こういう思考パターンを身につけたら、今まで後悔や落ち込みに使っていた時間とエネルギーを、今と未来を楽しむことに使えそうですね。体調も良くなるかもしれません。

「ほんの少し」なら、今までにも似たような経験、していませんか？

◇「半分しかできなかった」と言ったら、「半分もできたんだ！」と言われた。

◇ゆっくり話を聴いてもらったとき、問題は解決していないのに気が楽になった。

◇カラオケで好きな歌を歌っているときは、過去のイヤなことを忘れている。

◇なりたい自分をイメージすると、少し希望が湧いてくる。
◇「誰でも存在するだけで素晴らしい」という言葉を聞いたとき、少しホッとした。

今すぐ始められること

「良いこと日記」を過去の出来事にも使う

「ダサいと言われたから、ファッションセンスを磨けた」「からかわれた経験があるから、みんなに優しくできる」という具合に。これで、あなたは過去も変えられます。

一人で抱え込まないで誰かに話す

わかってくれる人とのおしゃべりには、心を癒してくれる不思議な力があります。身近な人には話しにくい内容なら、専門家を訪ねるのもいいでしょう。

好きなことや目標を書き出す

気分が良いと、脳内に快感ホルモンが分泌され、自然と前向きに考えられます。その回数が増えれば、思考パターンそのものが変わり、過去の縛りから解放されます。

「過去から解放されて楽に生きる自分」をイメージする

その自分から今の自分に、アドバイスをします。「終わったことに振り回されるのはもったいないよ」「あなたはとってもいい子」「今を楽しんで」というようにです。

「いろいろあっても生きてきた私は偉い」〈魔法の言葉〉

誰でも、そのままで充分、存在価値があります。もちろん、あなたも。つらいことがあっても乗り越えて生きてきたのですから、たくさんほめてあげましょう。

25 周りに合わせ過ぎて自分がない

ある人に「○○よね」と言われるとそんな気がするし、別の人に「違うよ、△△じゃない」と言われると、「それもそうだ」と思ってしまう。ファッションも、「みんなが着てるから」という理由で選びがち。

進路もそう。自分の希望というよりは、周りを見て「そうしておこうかな」と決めてきたような気がします。学校も仕事も結婚も、生き方自体を「周りに合わせている」気がします。

「あなたはどうしたいの？」と聞かれても、「えーと、私はどっちでも……」と困ってしまいます。ときには「あなたって自分がないよね」なんて言われて、何だか自分がダメ人間のように思え、情けなくなったりもします。

ただ、日本人なら、こういう部分は誰にでも多少はあるものです。だって、日本では、ずっとずっと長いこと、「周りと同じように」という和の精神が、最も大切にされてきたのですから。

あなたの宝物

日本に古くから続く「和をもって貴しとなす」の精神を受け継いでいるあなたは、みんなが気持ち良く過ごせる環境作りに大きく貢献しています。

「よほどのことがなければ周りと同じでいい」と思える素直さと柔軟性を持っているので、あなたの周りには、おおらかでゆったりとした空気が流れています。だから、みんな、あなたといるとホッとするのです。

色でたとえるなら、パステルカラー。原色のような強烈なインパクトはありませんが、どんな色とも調和し、全体を温かく包み込み、癒してくれる力を持っています。

この謙虚さ・しなやかさは、成長していくのにとても大切な要素です。自己主張が強過ぎて人の意見に耳を貸すことができない人が、なかなか自分の殻を破ることができないのに比べ、あなたは素直に周りからの影響を受け、それを人間力をつける栄養として吸収し、驚くほどの成長を遂げることができるタイプです。大器晩成型ですね。

「影響される、周りに合わせる」能力を活かして、全体と良い人間関係を作りつつ、いつの間にか自分の世界や個性を育てていける人です。

それでも変わりたいのなら

のんびりと生きられるなら、それが一番。ただ、「今のままだと、周りに流されているようで、自分に自信が持てない」のなら、少しだけアイデアを考えてみましょうか。

あなたの持ち味であるおおらかさと柔らかさはそのままに、「みんなは○○したいのだろうけど、私は□□がいいの」と言えたら、どんな気分になりそうですか？

ちょっとスッキリして、背中がしゃんと伸びた気がするかもしれませんね。相手も、少しビックリしながらも、「この人がわざわざ違う意見を言うのだから、とても大事なことなのね」とわかってくれるはずです。

もう「私はダメ人間……」なんて悩む必要もなくなりそうですね。

これまでにも、少しこれに近い経験があるのではないですか？

◇「意見がないの？」と聞かれ、「私、ホントにどっちでもいいの」と言えた。
◇高校までは周りの言いなりだったけれど、卒業後のことは自分で考えた。
◇食べることが好きで、料理や味については結構好みがハッキリしている。
◇どうしてもアメリカに行きたかったので、ほかのものを我慢して貯金した。
◇憧れているQさんと、話し方や雰囲気が似ていると言われ、嬉しかった。

今すぐ始められること

週一回「マイペースの日」を作る

毎日身構えている必要はないので、一日だけ意識的に自分を観察し、マイペースに行動してみましょう。そして、そういう自分を楽しんでみましょう。

「合わせていいこと」と「自分を通したいこと」を分ける

「自分にとって大切なことは何で、どういう場面で、どうしたいのか」を書き出し、どういう場面で何を言うか練習しておきましょう。それ以外の「合わせていいこと」は今まで通りでOKです。

得意なこと・好きなことを書き出して楽しむ

まず、「何が得意で好きか」に気づくところからスタート。自然にエネルギーが湧き、周りから必要以上の影響は受けずに自分流にこなせます。

「夢リスト」を作る

夢を十個書き出し、まずはじっくり眺めてください。自分がどうしたいかが見えてきたら、後はできることから順に取りかかるだけです。

大好きな人・憧れている人を真似てみる

影響されやすい能力を使って、素敵と思う人から良いところを吸収してみましょう。素敵になれるのですから、決して情けないことではありません。

26 自分の意見を押し付けがち

「それは絶対におかしい！」「あの服のセンス、ありえない」「どうしてあれを見て平気なの？ 理解できない」。こんなふうに思ったこと、ありませんか。

誰でも、自分と感じ方や考え方、行動がかけ離れている人と接すると、多かれ少なかれ、違和感や驚き、ときには怒りを感じるものです。

そして、その思いを言わずにはいられないときもあるし、口には出さない（出せない）で、心のなかでつぶやくこともあります。自分が長年信じて、当然だと思ってきたことと、まるで違うことをする人を見たら、無理もないことかもしれません。

ただ、自分では正しいことを言っているだけなのに、何だか気まずい雰囲気になることが多くて、「どうしていつもこうなるのかな」とつらくなることも。また、「それ間違っているよ」と断言した後に、「もう少し、相手の言うことを聴けば良かったかな？」と、心が痛むこともあります。

違う意見の人との折り合いって、本当に難しいですね。

あなたの宝物

あなたは「信念の人」です。意見が曖昧な日本人が多いなか、自分の意見や考えをはっきり持っているあなたは、貴重な存在です。

問題意識が高く、普段からいろいろと考えているので、その場の思いつきの意見などではありません。論理的に考えるのが得意で、討論すれば怖いものなしです。

周りの意見に簡単に流されたりせず、みながあなたと違う行動をしていても、あなたは、自分が思った道を進み続ける強さを持っています。自分の考えに自信があるので、ときには周りから多少浮き気味になっても、人に媚びたり、卑屈になることもなく、いつも凛として さわやかです。

また、正義感が強く、曲がったことやいい加減なことはしない人です。態度・行動が首尾一貫していますから、周りからの信頼も厚く、リーダーシップに優れ、グループの先頭を切って進んでいくタイプです。

もう「あっぱれ!」としか言いようがありません。

あなたのことを、「あんなふうにできたらいいな」と、うらやましく思っている人はたくさんいるはずです。

それでも変わりたいのなら

そんなあなたでも変わりたいと思うとしたら、それはどんなときでしょう。たとえば、「自分の意見を貫くと、周りとギクシャクしてうまくいかない」とか?

それなら、人間関係を壊さずにあなたの思いを伝える方法を、一緒に考えましょう。

もしあなたが、今までよりもう少し相手の話をじっくり聴き、「そういう考え方もあるかもしれないね。ただ、私は○○と思うんだけど、どうかな？」と穏やかに言えたら、どんな良いことが起こりそうですか？

相手は、あなたが自分の思いをある程度受け止めてくれたと思うし、あなたも自分の思いをきちんと伝えていますから、お互いイヤな気分にはならないでしょう。それどころか、素敵な協力関係ができるかもしれないし、思わぬ新発見もあるかもしれませんね。

これまでにも、そんなふうに感じたり、思ったりしたこと、あったでしょう？

◇テレビ番組で、国によって常識が違い、それぞれ意味があるのを知って驚いたことがある。
◇あまり興味のないことだと、「どっちでもいいんじゃない」と思える。
◇尊敬している人が違う意見を言ったとき、「そうかもしれない」と思えた。
◇嬉しいことがあって気分がいいと、言い方が少し優しいかもしれない。

◇全く意見の違う先輩が、話をじっくり聴いてくれたとき、嬉しかった。

今すぐ始められること

「いろいろな考え方があっていい」〈魔法の言葉〉

この魔法の言葉を自分に言い聞かせましょう。人生の正解は一つとは限りません。旅、映画、本、人との出会いなどを通して、多様な価値観を実感できる体験を重ねましょう。それこそが幸せに生きる秘訣です。

「譲れない」ことと「それ以外」とを分ける

「それ以外」については、思いがけない考え方や感じ方を気楽に楽しんで、「へー、そんな考えもあるんだ」と、さわやかに言ってみましょう。言いにくければ、まずは思うだけでもいいですよ。

相手を本気で「いい人」と思う

心が柔らかくなり、自然と話を聴けたり、素直になれたりします。相手の長所を、思いつくだけたくさん書き出し、味わってみると、効果的です。

気分を良くしておく

気分が良いと、ゆっくり聴くのも、穏やかに話すのも、やりやすくなります。言葉で伝わるのは、意味よりも感情なので、良い気分で良い感情を伝えるようにしましょう。

聴く練習をする

もし自分が「それおかしいよ」と決め付けられたらどう感じるか、想像してみましょう。そのうえで相手の話をじっくり聴いて、あなたの意見を言えば、お互いの意見が違っていても、ギクシャクせずに良い関係が作れます。

27 つい見て見ぬふりをしてしまう

電車でお年寄りに席を譲ろうか迷ったあげく、断られたら気まずいし、声をかける勇気も出ず、結局、寝たふりをした――うん、わかる。

R子がいじめられているところを目撃したけど、だからってどうしたらいいの？ 困った。見なかったことにしよう――こんな感じもわかります。

万引きの現場を見てしまったけど、本人にもお店の人にも言えない。複雑な思いのまま外に出る――これもよくわかります。

自分自身のことでも、似たような感覚はありますね。せっかく素敵な夢があるのに、何もやらないうちから「きっと無理。できっこない」と、できない理由を探してきてしまうのです。

でも、これは、自分自身の大切な夢に目をつぶっている状態。一見、楽そうですが、心の奥底では、自分が「やるべきことから逃げている意気地なし」に思え、情けなくて後ろめたい気持ちになるのです。後味が悪いのです。

あなたの宝物

良心的な人とは、あなたのような人のことをいうのでしょう。

あなたは、「お年寄りには席を譲ったほうがいい」「いじめはいけないし、つらい思いをしているR子の力になってあげなくてはいけない」「万引きは悪いこと。少なくともお店の人には言うべき」「夢は簡単に諦めないほうがいい」——このすべてを、よくわかっています。

「人間として大切なこと」に敏感で、本当は人一倍それを実践したいと願っています。だからこそ、できないときに心が痛むのでしょう？　あなたのこの感覚は、とても健全で誠実です。

人間なら誰だって、恥ずかしいことや難しいことは避けて通りたいと思うし、ときには逃げ出してしまうこともあります。いつも勇気に満ち溢れているなんて不可能。それなのにあなたは、自分を後ろめたく感じるのですよね。純粋で、心から信頼できる人です。

いつも完璧で強い人は格好良くて立派ですが、本音を言いにくいもの。でも、あなたになら、強がらずに安心して話ができます。人を厳しく裁いたりせず、優しく「そうだよね、そういうときってあるよ」と受け止めてくれるからです。

それでも変わりたいのなら

ときには逃げることも、大事な生きる知恵。決して悪いことではありません。ただ、もし後ろめたい気持ちが強くて、自分に対しての居心地があまりにも悪いのなら、あなたがスッキリできるようお手伝いさせてください。

どえらいことをする必要はありません。ほんの少し、できそうなことから取りかかれば充分です。どんなことから始められそうですか？

十回に一回くらい、お年寄りに「どうぞ」と席を譲れたら……。R子さんを全面的にかばうのは無理でも、小声で「おはよう」と言えたら……。夢に向かってほんの一ミリでも進めたら……、どんな気持ちになるでしょう？

力が湧いて、心の霧が少し晴れたようにな感じるかもしれませんね。

きっと今までにもそんな経験があったはず。思い出してみましょう。
◇長距離走は大嫌いだったけど、走り終えたときの気分は良かった。
◇松葉杖をついた人が目の前に立ったときは、迷わず席を譲ることができた。
◇R子がいじめられていることをSさんに話したら、少し気持ちが楽になった。
◇外国人に道を聞かれたとき、友達と一緒だったので、何とか答えてみた。
◇親が猛反対でも、ピアスをあけたとき、「ヤッター」と思えた。

今すぐ始められること

「できたこと」を書き出す

今まで「逃げないでやってきたこと」もたくさんあるはずです。そういう自分に気づくと、自己イメージが変わり、エネルギーが湧いてきてやる気になれます。

週一回「勇気の日」を作る

毎日勇気を持ち続けるのは疲れますから、曜日を決めて一歩を踏み出してみましょう。そして、たとえ何もできなくても、やる気で過ごした自分をほめてあげましょう。

しんどいときは誰かに言って自分をいたわる

気心の知れた人とのおしゃべりは、つらさを半分にしてくれます。いいアイデアが浮かぶかもしれませんし、少し勇気が湧いてくるかもしれません。

一人で頑張り過ぎず誰かと支え合う

一人でやるのも素敵ですが、心強い仲間と励まし合うのも素敵。率直に、「私、一人じゃ怖いから、一緒に○○してくれないかな?」と誘うのもいいですね。

夢や目標を探す

やりたいことがあると、いつもなら避けて通ることでも、乗り越えられるもの。そういう自分を見ると、気持ちがスッキリし、さらに力が湧いてきます。

28 気が散りがちで集中できない

「明日までにレポートを仕上げなくちゃ」と机に向かっても、テレビの音や昼間に友達と話したことなど、あれもこれも気になって集中できない。気づいたらもう夜中。大慌てでまとめたものの、中味はスカスカだし、睡眠不足でクタクタ……。こんな経験、ありませんか？

「話に集中しよう」と思っているのに、いつの間にか頭のなかでは全然違うことを考えていて、「ねえ、聴いてる？」と言われたりします。実際、話の内容がわからなくなったり、そのせいで「うっかりミスが多過ぎる」「真剣みが足りない」と厳しく注意され、本気で落ち込んだりします。

こういうことが何回かあると、「どうしてこんなに集中力がないんだろう。

締め切り前はバタバタだし、ミスばっかりで、もうイヤ」と思います。もっとつらくなると、「私って変なのかな。周りに迷惑ばかりかけてるし、私なんかいないほうがいいのかも……」とまで思い詰める人もいます。

あなたの宝物

ちょっと待って！　あなたは、自分の存在価値に気づいていません。あなたのような人がいなくなったら、この世はどんなに住みづらくなるでしょう。計画性があって注意深い人ばかりだったら、すべて効率良く進むでしょうが、余裕のない窮屈な世界になるに違いありません。ただでさえやたらと忙しくて、約束事だらけのこの社会で、ホッとできる雰囲気を作っているのは、あなたなのです。

自由なあなたが、豊かな好奇心の赴くままに、ちょっぴり行き当たりばったりに生きているのを見ると、みんな解放感を感じて楽になるのです。

それに、あなたは、ただ無責任にうっかりミスをしているわけではありません。積極的にたくさんの仕事を引き受けて、一人でできる以上のことを抱えているのかもしれません。それでもあなたは、「自分が悪い」と思うのですよね。また、何にでも集中できる人なんて、そうそういません。それでは疲れ切ってしまいます。興味のあることには集中できるけど、興味のないことには気が散るのだとしたら、それは自然なことだし、その使い分け・メリハリがとても素敵！

それでも変わりたいのなら

無理して変わらなくてもいいのに……。ただ、焦るのって疲れますし、あなた自身が今より楽になれるなら、少しだけ工夫してみましょうか。

あなたは、どんなふうになれたらいいなと思いますか？

もし、やるべきことに今より集中できて、少し早めに課題が終わったらどうでしょう？　相手の話にも、今より集中できて、勘違いやうっかりミスが少し減ったら、あなたの毎日にどんな良い変化が起こりそうですか？

直前で焦りまくることが減り、心も身体も少しゆとりが持てるようになり、「また失敗……」という落ち込み感も減るでしょう。余った時間とエネルギーを、ゆったりと休むことや、好きなことを楽しむために使えそうですね。

今までの経験のなかで、まあまあ集中できたときを思い出してみましょう。

◇あまり忙し過ぎないときのほうが、落ち着いて一つのことに取り組める。
◇先輩に「この順序でやってね」と言われたときは、気が散りにくかった。
◇海外旅行に行く前に英会話を勉強したときは、あまり気が散らなかった。
◇三十分くらいなら、それほど気が散らずに集中して取り組める。
◇身体を動かした日のほうが、気持ちが落ち着いているかもしれない。

今すぐ始められること

今するべきことをリストアップする

幸せになるために必要度が低いものは、人に任せたり、やめたりしましょう。生活がスリムになると心に余裕が生まれ、気が散りにくくなります。

リストで残ったものに優先順位をつける

何から取りかかればいいかの順番を決めると、いくつかやることがあっても、混乱を防げます。一人では迷ってしまうなら、誰かに相談して決めましょう。

来週または来月に「お楽しみプラン」を入れる

「お楽しみプラン」に向けての行動なら、気が散ることなく取り組むことができるでしょう。良い気分転換になるので、ほかのことへの集中力も高まります。

気が散り始めたらやめて違うことをする

集中力の持続時間以上に頑張らなくてＯＫ。時間を決めておき、息抜きをするほうが、かえって作業もはかどります。

歩いたり腹式呼吸をして、脳に酸素を送る

脳の血流が良くなり、酸素が行き渡るので、集中力が高まります。毎日続けていくと、集中力の持続時間が長くなります。

29

心配性でいつも不安を抱えている

「研究発表、うまくいくかな」「悪い病気だったらどうしよう」「初めての場所だし、たどり着けるかな」などなど、私たちの毎日は心配の種が尽きません。

　さらに、「どんなふうに生きたいかなんて、みんなはわかっているの？　わかっていないのは私だけ？」「結婚しても、しなくても不安」といった、人生そのものに関わるような心配事もあります。

　人によって気になる部分が違うので、健康のことをいつも心配している人でも、人前で話すことはまるで平気だったり、試験は大丈夫だけれど、友達関係のことが心配で仕方がない、と感じる人もいます。

　心配の程度も、「ちょっと心配だけど、まあ日常生活に大きな支障はない」

程度の人から、「心配で眠れない、食欲が落ちる、誰とも会いたくない、何もやる気になれない」という、かなりつらい状態の人もいます。

心配性のあなたは、いつも楽天的でのんきな人がうらやましく思えて仕方ありません。

あなたの宝物

あなたの想像力って素晴らしい！　小さな出来事から、「もしこうだったら、こうなって、ああなって」と、さまざまな情景が浮かんでくるのですね。

ですから、前もって打てる手を充分に打つことができるのです。心配が大きいほど、それを打ち消そうとする実行力を発揮するので、のんき過ぎて準備不足の人より、ずっと安心できる結果を出すことができます。

たとえば、「健康に不安があると、こまめに治療や検査を受けるので、大病になるどころか、人一倍健康に過ごせる」――あなたはそういう人です。

この心配力、想像力、実行力の組み合わせを味方にして、あなたは全く問題ないどころか、安全で質の高い結果を手に入れることができる人です。

これは、「生き方を選ぶ」という大きな選択にも活かされます。「本当にやりたいことは何だろう。心配で簡単に決められない」と、最初に心配な点を深く考慮し、それをクリアしてから決めるので、人生の大問題でも大きくはずすことがありません。

実行に移すまでの心配も大きいし、時間がかかることもありますが、結局は人生全体を良い方向に進めることができます。

それでも変わりたいのなら

あなたさえ良ければ、ぜひそのままで。ただ、心配し過ぎて、心身ともに調子を崩したり、人生が楽しくないときは、少し工夫が必要かもしれません。

さあ、あなたはどうなりたいですか？　あなたの長所は大事にして、心配し過ぎの部分だけ、少し減らせば良いのでは？

「準備もかなりしたし、後はなるようになるさ」「何をしたいのか、ずいぶん考えたけど、答えが出ないからまだ決めなくていいや」と思えたらどうですか？　毎日はどう変わりそうですか？

結果が良くなることに加えて、途中のプロセスまでもが楽しく、楽になりそうですね。よく眠れて、食事もおいしく、新たなやる気もわいてくるかもしれません。

今までも、これに似た経験、あったのでは？　思い出してみましょう。

◇外出先で頭痛がしてどうなるかと思ったが、映画を観ていたら治まった。
◇好きな料理をしたり、献立を考えているときは、心配事を忘れている。
◇テレビを見て笑っていたら、心配だったことが「何とかなる」と思えた。
◇大事故で入院したとき、「命さえあれば何とかなる」と思えた。
◇「不合格かな」とつぶやいたら「また受ければいいよ」と言われホッとした。

今すぐ始められること

好きなことを書き出して生活に取り入れる

好きなことをしているとき、脳のなかでは快感ホルモンが大量に分泌されるので、少しくらいの不調は治ってしまいます。考え方も楽天的になれます。

自信の持てるものをもう一つ増やす

自信は、喜び、希望、安心感を与えてくれるので、心配し過ぎのつらさから解放されます。好きなことを、自信の持てることへと育てましょう。

とにかく笑う

笑いには、驚くほどの効用があります。病院でも、ガンなどの病気の治療に、笑いを用いるところが増えてきました。笑顔を作るだけでも効果があります。

「生きてさえいれば何とでもなる」〈魔法の言葉〉

本気で心配したほうがいいことは、命に関わることだけです。それ以外は、この言葉を唱えながら、意識的に気を抜くようにしましょう。

人に話して対策を練る

人に話すことは、不安を半分以下にしてくれる効果があります。さらに、実際にアドバイスをもらえれば、現実的な対策を立てることもできます。

30 諦めが早い・粘り強く頑張れない

「もう間に合わないから、行くのやめた」「〇〇したいけど、難しそうだから やめとこう」「どうせ何を言っても通じないから、諦めた」「うまくいきっこないし、もうどうでもいい」……こんなふうに思うことは誰でもあります。

「思ったことがない」という人がいたら、素晴らしいというより、強過ぎです。

「もう少し続けたら、上達するかもしれない」「もうちょっと説明したら、わかってもらえるかもしれない」とも思うのだけれど……。

そう、わかっているのです、「自分は粘り強いタイプじゃない」と。

周りの人は「どうしてすぐ諦めちゃうの？ もうちょっと頑張ってみなよ」と言うけれど、はたから見るその「もうちょっと」が難しく、「もう無理、私には精いっぱい」と感じるのです。

自分以外の頑張っている人がみな立派に見えて、「私は特別の根性なしなのかな」と、不安になってしまいます。

あなたの宝物

「諦める」のは、じつはとても大事な能力。夢や願望は私たちの宝物ですが、すべてが叶うことはありえません。そんなとき、必要以上に執着したり、落ち込んだり、人や自分を責めたり、いつまでも後悔している代わりに、諦めることができるあなたは、気持ちを立て直して軽やかに次に進み出せるのです。

「これ以上やると身体を壊しそうだから、ここで諦める」「このバッグ欲しいけど、高いから諦めよう」と思えるなんて、すごく健康的でさわやか。

「いい加減」なのではなく、自分の身も心も守り、ペースを守る「良い加減」なのです。

「何が何でも」という息苦しい悲壮感がないので、あなたの周りには、ゆったりとした癒しの雰囲気が漂っています。そばにいるだけで、ホッとします。

こだわり過ぎないから、客観的に冷静な状況判断ができるのです。大体、「絶対に諦めてはいけないこと」なんて、生きること以外にあるでしょうか？

また、積極的な諦め方でなくても、「遅刻するなら、今回は休んじゃおう」「これで伝わらなかったら、もういいや」というあっさりとした割り切りも、余分なストレスをうまくかわし、周りに振り回されずにマイペースで生きるのに、大いに役立っています。

それでも変わりたいのなら

あなたが楽しく生きているなら、どうぞそのままで。でも、もし「もうちょっと粘れれば自信がつくのに」と感じているのなら、できそうなことを少しだけやってみましょう。

あなたは、どんなふうになれたらいいなと思いますか？

取りかかりやすく続けやすそうなことを、一つだけでも最後までやり終えたら、どんな気持ちになるでしょう。毎日がどう変わっていきそうですか？

今までの身軽さに、感動や充実感がプラスされると思いませんか？　後ろめたい気持ちが消え、自信が湧いて、「もう一つ何かやってみようか」と思えるかもしれません。いざとなったらスッパリ諦められるあなたです。心配せず、いくつかトライしてみましょう。

今まで、自分にしては粘ったなというときがあったら、それがヒントです。

◇夏休みの海外旅行に備えて、英会話を三カ月続けた。
◇イラストを描くのは好きなので、珍しく完成させてコンテストに出した。
◇よく眠れて気分もいいときは、「もうちょっと続けてみようかな？」と思える。
◇頑張って夢をつかむ映画を観たとき、自分も諦めずにできそうな気がした。
◇スイミングも塾も、仲良しの子と一緒にやったことは、結構続いた。

今すぐ始められること

すぐできる小さな夢をいくつか作る

夢や目標を達成したときの喜びは、やる気と自信を与えてくれます。できるだけ簡単な楽しめる目標で、まずはクリアする充実感を味わいましょう。

とらえ方を変える

「〇〇しかできなかった」を「□□までできて良かった」ととらえ方を変えましょう。自分にもっと優しく！　そうすれば諦めないエネルギーが湧いてきます。

気分と体調を良くしておく

ストレスを解消すると、粘りが出てきます。身体の休養はもちろん、楽しいこと、笑えること、身体を動かすことで、心もリフレッシュしましょう。

感動する

感動すると大きなエネルギーをもらえます。映画、舞台、ライブ、本を読んだり、スポーツやボランティアなど、できることから始めましょう。

誰かを誘って一緒にやってみる

良い人間関係は、大きなエネルギーを与えてくれます。一人なら諦めてしまうことでも、相棒がいると、「もうちょっと頑張ってみよう」と思えます。

31 頑張り過ぎて疲れてしまう

「もっと上手になりたい」「もっといい作品を」「もっと人に認められたい」と思うから、「少しくらい手を抜いても平気かな？」という考えが頭をよぎることがあっても、やっぱりそんなことできません。

それどころか、なるべく良い結果を出そうと、人の何倍も頑張ります。自分の責任を果たすためにも、周りに迷惑をかけないためにも、恥をかかないためにも、できることは何でもして頑張るのです。

そうやって、日々、何かに追い立てられるように努力し続け、気づくと心も身体も疲れ切ってしまっている人が大勢います。

そもそもこういう人は、頑張ることが良いことと強く思っていますし、頑張っている自分が好きなので、頑張っていないと、怠けているような後ろめたさを感じます。これには、日本人特有の勤勉さと、長年、国全体が「頑張り教」一本やりだったことが大きく影響しているのでしょう。

あなたの宝物

「上を、さらに上を」と目指して、人に迷惑をかけないように、自分の責任を果たせるように、人の何倍も努力して全力を尽くす。もうこれだけで、何もコメントする必要がないほど、あなたは素晴らしい、尊敬に値する人です！

こんな人がそばにいて何でもしてくれたら、さぞ心強いでしょうね。だから、みながますますあなたを頼りにし、あなたのやることが増えるのですが……。

しかも、そういう人ですから、勉強、スポーツ、芸術、仕事、家事、趣味など、取り組んだことは何でも良い結果を出します。凡人が驚くようなレベルにまで到達できるのも、このタイプの方々に多いのです。

有名な芸術家が「才能の九割は努力できる能力だ」と言っていますが、あなたなら大丈夫。中途半端はイヤなので、努力だけでなく、アイデア、工夫、実践のどれを取っても、十二分に成し遂げます。

責任感の強さも人一倍。倒れてでも責務をまっとうします。人の命を預かるような仕事には、ぜひあなたのような人に関わってほしいものです。

それでも変わりたいのなら

でも、「期待されても気が重いし、頑張ってばかりはもう疲れた」とあなたが思うのなら、ご一緒に一工夫してみましょう。確かに、こんなに素晴らしい人が、頑張り過ぎて過労になって、何も楽しめなくなったり、生きている意味もわからなくなったりしたら、あまりにももったいないです。

さて、あなたは、どうできたらいいと思いますか?

「楽しく長続きさせるために、この辺でやめておこう」「自分の責任は果たすけど、それ以上頑張り過ぎる必要はない」と思えたら、毎日がどう変わりそうですか?

ゆとりの時間と体力と気持ちで、ゆったり好きな映画を見たり、久しぶりにハイキングに行ったり、気楽に雑誌を読んだり……。これなら心身ともに癒されて、無理なく頑張れそうですね。

今までそれに近い経験があったら、思い出してみましょう。

◇どうしてもライブに行きたかったので、ほかのことは適当に切り上げた。
◇「これ以上したら倒れる」と危機感を感じたとき、やめられた。
◇尊敬するTさんから「頑張り過ぎないで」と言われたとき、肩の力が抜けた。
◇一人で頑張っていたら手伝ってもらえて、「こういうのいいな」と思った。
◇テレビでスローライフの特集をしていて、魅力を感じた。

今すぐ始められること

「ねばならないこと」ではなく「やりたいこと」を優先

責任、収入、結果、評価などから離れて「したいこと、好きなこと」を中心にすえましょう。頑張るのではなく楽しむのです。これぞ本物の心の豊かさ。

週一回「頑張らない日」を作る

あなたの頑張り力を、自分を守ることに使いましょう。疲れ過ぎるようでは頑張る意味がないし、命に関わるようなことがあれば取り返しがつきません。

信頼できる「頑張り過ぎない人」に相談する

相談するだけでも、ストレスが減ります。頑張り過ぎとわかっていてもやめられないときは、具体的なアドバイスをもらいましょう。

「一人では無理」と協力を求める

人間は助け合うために存在しています。頑張りやのあなたのSOSは説得力があります。遠慮せずに、早めに協力を求めましょう。そのほうが周りも助かります。

「人生の目標は幸せになること」〈魔法の言葉〉

魔法の言葉を自分に言い聞かせましょう。幸せになるには時間と心のゆとりが大切です。この考え方を、本を読んだり、映画を観たりして、実感しましょう。行動が変わっていきます。

32

すぐに落ち込んでしまう

「今日も雨か。何だかユウウツ」ということから、「あの人は何でもできて、いつも注目されているのに、私は全然ダメ」「気になっていることを注意されて、もうボロボロ」という相当きついことまで、落ち込む材料はいくらでもあります。

全く落ち込まずに生きていくなんて、不可能でしょう。「私はプラス思考だから落ち込まないの」といつも元気はつらつに見える人だって、「ああ、もうやっていけない……」と思うときがあるはずです。

誰もが「こうだったらいいな」という願望を持っていますが、その通りにいかないこともたくさんあって、そのとき、がっくり落ち込むわけです。そして、自分がイヤになったり、誰かを責めたり、世の中を恨んだりします。誰もが経験していることです。

軽い落ち込みなら、時間とともに忘れたり、ちょっとした気分転換で浮上しますが、つらいときは、食欲がなくなったり、体調を崩すことも。人によっては、「いちいち落ち込んでしまう自分が情けなくて……」とダブルパンチ状態になる場合もあります。

あなたの宝物

あなたは、落ち込んだことのない人と友達になりたいですか？　私は無理です。落ち込みがちなあなたとなら、すごくいい友達になれそう。心が通じ合えそうな親しみを感じます。きっと、みながそう思うでしょう。

あなたは感受性や想像力が豊かな人。「こうなりたい」という願望をはっきり持っていますし、それと現実との微妙なギャップに気づくこともできます。

それだけに、落ち込みは深くなり、落ち込む頻度も多くなるのかもしれません。でも、願望（夢・目標）を持っているからこそ、落ち込んでもまた立ち上がり、豊かな向上心で、再び願望に近づこうとしていきます。大成功して輝いている人も素敵ですが、くじけそうになっても、また目標に向かって工夫・努力・実践しているあなたのほうが、もっともっと魅力的です。

さらにあなたの素晴らしいところは、相当につらいときでも、簡単にキレたりはしないところ。気持ちをコントロールして、キレるずっと手前の落ち込みの段階に自分をとどめ、過激なことをしないでいられます。だから、自分も周りも回復できる力が残せるのです。

それは、あなたの優しさ、強さ、謙虚さ、冷静さ、自制心のおかげなのです。

それでも変わりたいのなら

でも、何かとすぐ落ち込んだり、落ち込み過ぎてしまうことが多いと、それはつらいでしょうね。「もっと楽になりたい」と思うかもしれません。よくわかります。

それでは、あなたの持ち前の感受性と想像力を駆使して、受け止め方をちょっと変えてみたらどうでしょう？ 「注目されない分、マイペースでできていい」「自分なりに頑張ったんだから、それで充分」というようにです。

考え方が変わると、受け止め方も気分も変わります。それで、今までの落ち込みを減らしたり、軽くできたら、あなたの毎日はどうなりそうですか？

問題解決のグッドアイデアが浮かんできて、しかもそれを実行できる。そんな自分が嬉しくて、より楽しい気分になれ、生きることそのものが明るいイメージに変わりそうではないでしょうか？

まず、落ち込みがいつもよりはましだったときのことを、思い出してみましょう。

◇じっと考えているより、身体を動かしたほうが少しは楽かも。

◇ミスをして怒られても、「よく頑張ったよね」とわかってくれる人がいたとき。

◇「私は私でいいの」とマイペースな人を見たとき、ホッとした。

◇何かに熱中しているときは、小さなことがあまり気にならない。
◇好きな歌を思い切り大きな声で歌うと、ちょっと気分が上がってくる。

今すぐ始められること

まずは身体を休めて、その後は軽い運動をする

心の疲れを取るには、軽い運動が効果あり。特にお勧めなのは、スクワット。5分もすれば、ウツの治療にも使われるセロトニンが脳内で分泌され、楽になってきます。

なるべく早く人に相談する

一人で抱え込むと、落ち込みがふくらんでしまって、扱いにくくなります。わかってくれそうな人に、気軽に「参っちゃったよ」と言うようにしましょう。

自分の良いところ探しをする

自分の存在価値が感じられれば、気分が安定して、落ち込み過ぎを防ぐことができます。実感しにくいときは、ボランティアなど、人の役に立つことをするのも効果的です。

夢中になれるものを見つける

何かに熱中したり、目標があると、ストレスに強くなります。そういうものがない人は、好きなことを気楽にいろいろ試して、夢探しに夢中になってみてはいかが？

落ち込みからの回復記録を作る

これからの一カ月、「何をすると気分が上向くか」を記録し、次の落ち込みには、その行動を意識的に使いましょう。アロマ、入浴、鼻歌、エステ、お笑い……あなたの場合は何ですか？

33 言い訳をして責任転嫁をしがち

「そっちが早く言わなかったからよ、私は悪くない」「あの人の説明が下手だったから、うまくいかなかったんだ」「電車が遅れたせい」と、物事が思い通りに進まないとき、私たちは、自分以外の人や何かに原因を求めたくなります。また、「だから言ったじゃない」と注意されて、「うるさく言うから、できなかったんでしょう。もうやめる、やってられない！」なんて、痛いところをつかれて、言い訳どころか逆切れすることも、よくあります。

図星のときほどムキになって反論してしまうのは、あなただけではありません。自分でも「まずい、やっちゃった」とわかっているとき、それ以上自分が壊れないために、必死で責任転嫁をするのです。

本気で「自分は悪くない」モードに入ってしまうと、言い訳をしているのを忘れてしまうことさえあります。でも、途中で「悪いのは私だ。みんな私のこと、イヤなやつだと思っただろうな」と、二重にしんどい思いをするのです。

あなたの宝物

そんなときもあっていいではないですか。人一倍真面目で責任感の強いあなただからこそ、「失敗した、どうしよう」という思いが強くて、必死で言い訳をするのです。そうでなければ、もっと簡単に「ごめんね」と言えるはずです。

感受性も豊かなので、「大変なことをしちゃった」と思うときのつらさも人一倍です。そんなあなたが、責任をまともに背負っていたら、身が持ちません。責任転嫁などというと何やら良くないイメージですが、そうやって一時的に自分の心と身体を守ることも、生きていくのには必要な知恵なのです。

もちろん、人のせいにするだけで何も感じないのは困りものですが、誠実なあなたは自分が悪かったことをよくわかっています。その思いが深い分、ほかの場面でそれを補う行動をしているはずです。それほど悪いと思っていないのにすぐ「ごめんね」が言える人の、何倍も心を込めてやっているでしょう。

それに、つい言い訳してしまう人を見る目も温かい。「そうそうわかる。私だってしてるもの。責められないわ」と思うのです。一見、人間として大きな欠点に思えるところが、あなたを優しく深みのある人間にしています。

それでも変わりたいのなら

だから、大変身する必要はないのです。ただ、いつも言い訳をしているのは、あなた自身が後ろめたくてつらいでしょうから、もっと楽になれる方法を考えましょう。あなたがなりたいイメージは、どういうものでしょう？

言い訳をしなくてはならない状況を減らせたら、どうですか？　そして、せっかく反省しているのですから、「私が○○すれば良かった。ごめんね」と、勇気を持って謝る機会を、今より少し増やせたらどうでしょう？　どんな良い変化が起きそうですか？

何だか今より気持ちが落ち着いて、自信が湧いてきそうですね。

そうすると、もっとミスが減って、もっと言い訳の必要がなくなって、さらに自信がついて、人間関係もうまくいくようになって……この流れ、とても楽そうですね！

これまでの経験のなかで、参考になることがきっとあるはずです。

◇自分でも「うっかりミスを減らせたら楽だろうな」と思っている。
◇得意なことではミスが少ないし、たとえミスしても、割合謝りやすい。
◇「それは私のミス。あなたは悪くない」と言えるUさんを格好いいと思った。
◇好きなチームが優勝したとき、気分が良くて、素直に反省できる気がした。
◇わかってくれそうな人には、素直に「今度は気をつける」と言える。

今すぐ始められること

「うっかりミス撃退ノート」を作る

約束、時間、締め切りなど、こまめにメモし、毎日朝晩二回はチェックしましょう。ミスは確実に減り、言い訳する必要もなくなってきます。

得意なことを書き出して、言い訳しない習慣をつける

気持ちに余裕とエネルギーがあると、言い訳せずに責任を取ることができます。まずは自分の得意なことでトライしてみましょう。

「人のせいにしないことは格好いい!」〈魔法の言葉〉

実感できるまで、何度もこの言葉を自分に言い聞かせましょう。今までより楽に、「確かに私が○○していれば良かった」と言えるようになります。声に出して練習しておくと、さらにいいでしょう。

気分を良くしておく

気分が良いと、人のせいにして後悔する代わりに、素直に反省して、すぐ対処の行動に移ることができます。そういう自分を見て、さらに自信がつきます。

本音を言える相手を増やす

次に何かあったとき、少なくともその人には一切言い訳をしないで、きっちり責任を取ってみましょう。きっと、さらに良い信頼関係が築けます。

34 こだわりが強すぎて窮屈

「外出するときは絶対メイクする」「バッグは絶対にブランドもの」という見かけのことから、「音楽といえばロック」「映画は○○監督の作品しか観ない」という趣味に関すること、さらには「○歳までに必ず結婚する」「一度決めたことは絶対に守る」という生き方まで、人によって「こだわり」はさまざま。「何にこだわっているか」が、その人の個性と言えるかもしれません。こだわりのためなら頑張れるし、思い通りにできたときの充実感は何物にも代えがたいですね。こだわりが私たちの人生に与える影響は計り知れません。

それだけに、こだわりの度合いが強過ぎたり、「ねばならぬ」系のこだわりが多いと、柔軟な発想が消えて、何かに取りつかれたように必死になってしま

います。

思い通りにいかないときの挫折感は相当なもので、それが積もり積もると、「あー苦しい。でも大事なこだわりは捨てられない……」と悩んでしまいます。

あなたの宝物

あなたは、自分の理想像を明確に持っている人です。しかも、その理想を実現するための情熱は並みはずれて強く、多少の困難なら乗り越えていけます。その集中力、継続力、工夫、実行力は並大抵ではありません。

こだわりのあることについては知識も豊かで、明確な意見を持ち、非難や反対があっても妥協せず、常に最高なものに近づこうとします。

こだわっていることについての感受性は抜群で、ちょっとした違いも感じ取ることができます。優れた職人や芸術家は、全員こだわり派。「理想の作品を必ず作る」というこだわりが、ワザを磨き、高いレベルに到達するための原動力なのです。

あるラーメンの達人は、「こだわりの味」を完成させるまで、少しでも理想と違うものは何百杯分も捨ててしまったとか。微妙な味の差を感じ取る鋭い感性とこだわりが、極上の味を完成させたのですね。

「こだわりの宿」「こだわりの湯」「こだわりの一品」などと聞くと、それだけでとても上質なものを連想します。こだわれるって、素晴らしい才能です。

それでも変わりたいのなら

ただ、あなたが「『～でなくてはダメ』と思い過ぎるところがあって、ときどき息苦しい。友達ができにくいのもそのせいかも」などと思うのなら、あなたのキラキラした感受性とこだわり力はそのままに、何かをちょっと工夫してみましょうか。

どんなふうになれたらいいなと思いますか？

「絶対～なければならない」を「なるべく～だといいな」に変えられたら、どうでしょう？　「近所のコンビニならすっぴんでもいいか」「どうしても無理なときは変更もありかな」「たまにはクラシックもいいかも」と思えたら、どんな気分になりそうですか？

心が伸びやかになって、人に優しくなれそうだし、世界がフワッと広がる感じがするかもしれませんね。生きることが楽だとさえ思えそうです。

あのときは少しそんな感じだったかもという経験が思い出せれば、良いヒントです。

◇急用でメイクをする時間がなくすっぴんで出かけたが、特に問題なかった。
◇大海原を見ていたとき、ふと「そんなに必死にならなくてもいい」と思えた。
◇絵手紙を描いていると、次々にアイデアが浮かび、楽しくて仕方ない。
◇ビールは大嫌いだったが、好きな先輩に勧められて飲んだら美味しかった。
◇ちょっと太めのVさんが、いつも楽しそうなのを見ていいなと思った。

今すぐ始められること

つらいこだわりを書き出し、いくつかをあえて無視する

「やめられること」や「程度や回数を減らせること」を見つけます。取りかかれるところから意識的に無視し、大丈夫という体験を重ねましょう。

大自然に浸る

山でも海でも砂漠でも川でもOK。難しいときはプラネタリウムや動物園、水族館も効果があります。きっと、細かいことはどうでもいいと思えてきます。

「やってみたいこと」「好きなこと」をリストアップする

あなたの「こだわり力」を、楽しいことに注ぎ込みましょう。あなたの感受性・一途さで思い切り突き進み、人の何倍も楽しんでください。

好きな人・尊敬している人に影響されてみる

絶対にしないと思うことでも、好きな人に勧められたら、やる気になったりするもの。そのときが、あなたが楽になり、世界が広がるチャンスです。

こだわりなく自由に生きている人と話してみる

周りにそういう人を見つけて話してみましょう。「どうしてそうできるの?」「困らない?」「イヤじゃない?」などなど。お互いに良い刺激になるでしょう。

35 人を頼りにしすぎる

「それくらい自分で考えてやって」と言われることが多いし、そう言う人の気持ちもわかるくらい、いつも誰かに寄りかかっている気がします。そういえば昔から、肝心なことはいつも親にしてもらっていたし、友達関係も「頼りがいのある人にくっついている」という感じだったかも……。

そのせいか、誰かが決めたことに従うのは抵抗がないのだけれど、「あなたが中心になってやってくれない？」なんて言われると、不安で胸がドキドキ。「絶対無理！」と断ってしまいます。

そんなことが続くと、「一人で行動できる人」「自分の意見を持っている人」「リーダーシップがある人」が輝いて見え、そうでない自分が「つまらない存在」「自立できていない人間」に思えてしまうのです。

「でも、そんなことできない……」なんて考えていると、余計に心細くなって、前よりもっと人に頼りたくなります。こういう人、結構たくさんいます。

あなたの宝物

なんて可愛くて素直な人でしょう。相手や状況に自分を合わせることができる柔軟性・協調性は天下一品！ 生きていくうえで、何よりの強みです。あなたの存在があるからこそ、全体の活動がスムースにいくわけですし、ハッキリした行動的な友達も、相手があなただからこそ、伸び伸びと個性を発揮できて一緒にいて楽しかったはずです。

「こうでなくてはいけない」というとらわれや縛りが少なく、寛容で自由。

「私が、私が」という強過ぎる自己主張もないので、のどかな癒しの雰囲気が漂っています。ギスギスしがちなこの世の中、マシュマロのようなあなたの人柄に、どれだけたくさんの人が救われていることでしょう。

しかも、あなたの得意な「頼る」という行動。これは三つの意味で、私たちを幸せにしてくれる素晴らしい特技なのです。

一つには、人は誰でも、頼られたときに自分の存在感を感じ、自分に自信を持つことができる。二つ目は、頼ることで、自分を追い込み過ぎずに心身ともに健全な状態でいられる。三つ目は、頼り合うことが素敵な人間関係には欠かせない要素。ね、すごいでしょう？

それでも変わりたいのなら

あなたのその雰囲気、特技、大事にしてくださいね。でも、「頼ってばかりだと、やっぱり自信が持てない」と思うのなら、少しだけ工夫してみましょう。

あなたは、どんなふうになりたいのでしょう？「すべてを自分で切り開いていくリーダー」になりたいわけではありませんね。そんな必要もないし。

では、少しイメージしてみてください。もし、今まで人に頼っていたことのなかで、何か一つ、誰にも頼らず自分でできたら、また、ほんの少しで構わないので、人から頼られる行動ができたら、どんな気分になるでしょう？

胸のつかえが取れて楽になり、力が湧いてきて、自然と笑顔になりそうではありませんか？　背すじがピンと伸びて、後ろめたい気持ちが消えるでしょう。

今までにも、それに近い経験をしているはずです。
◇道を聞かれたので教えてあげたら、喜ばれて嬉しかった。
◇保育園のボランティアで子どもたちに頼られ、いつもの自分と違う気がした。
◇好きなバンドのファンクラブに入るときは、手続きを全部自分でした。
◇グラタンの作り方は得意なので、ときどき人にも教えてあげる。
◇苦手な司会をすることになり、一人では自信がなかったので二人でやった。

今すぐ始められること

人の役に立ってきたことを書き出し、実感する

あなたがいてくれるだけでも充分なのですが、「食器洗いを手伝った」「友達の愚痴を聴いてあげた」など、どんどん書き出し、自分の存在感を味わいま

しょう。

頼られることで自分の価値を実感する

バリバリのリーダーになる必要はありません。小さい子どもやお年寄り、障害のある方のお手伝いをすると、役に立ちながら元気をもらえます。

「自力でやりたいこと」と「頼ってもいいこと」を書き出して整理する

「自力でやりたいこと」のなかでやりやすそうなものを、来週中に実行してみます。簡単なものから始めるのがコツ。達成感が得られ、また次をしてみたくなります。

得意なことを人に教えてあげる

大げさに考えず、「美味しいドレッシングの作り方」「寝グセの直し方」「100円ショップの楽しみ方」など身近なことでOK。喜ばれること間違いなし。

頼り合える相棒と助け合う

一方的に頼るのではなく、サポートし合える人と助け合いましょう。お互いに埋もれていた力を発見することができたりして、きっと良い関係が作れます。

36 強がって素直になれない

傷ついて泣きそうなのに「全然平気」と笑ったり、心配で仕方ないのに「何でもないよ」と平静を装ったり、後悔しているのに「良かったよ」なんて言ってしまう。こういうこと、誰でも経験があるのではないでしょうか。

「傷ついたり、恥ずかしいと思うことは弱いことで、弱いことは格好悪いこと。そんなみじめな自分を見せたくない」と思うのでしょうか。

怖がっている自分や心配している自分も、強くて格好いいイメージとは逆ですから、知られたくない姿かもしれません。「かわいそう、大丈夫？」などと同情されると、余計凹んで動揺してしまう。だから、自分を守るために必死で強がるとも言えますね。見えない鎧を着る感じ。

いずれにしても、一人になると、抑えていたつらさがどっと押し寄せてきて、眠れないくらい悶々とすることも。でも、次の日「何かあったの？」と言われると、また強い自分を演じて「何もないよ」なんて言ってしまうのです。

あなたの宝物

弱音を吐くなんて、あなたから一番遠い姿。弱さを見せないあなたは、いつも潔く颯爽としています。一言で言えば「格好いい」のです。

それは、あなたの誇り高い人柄からくるのでしょう。「人に頼ることは惨めなこと」として、可能な限り自分で進め、解決しようと頑張ります。徹底したあなたの自立心そして自律心は、相当ハイレベルです。

内心では苦しくてたまらなくても、表に出さずにやり抜いていく。そういう人だけが持つ凛とした雰囲気が、あなたをとても魅力的にしています。

でも、あなたの一番素敵なところは、じつは人間らしい弱さも持っているところ。あなたはただの「傲慢な強い人」「無神経な人」ではありません。一人になったときに、人知れず苦しむのですから。

弱音を吐いたり、甘えたりできれば楽なのに、そうはせずに一人で頑張るあなただから、応援したくなるのです（あなたは、「そんなんじゃない、応援なんて要らない」と言うでしょうけど）。

それでも変わりたいのなら

でも、そんなあなたにも「たまには弱さを見せられたら楽だろうな」と思うときがあるのでは？ もしそうなら、今よりほんの少しだけ弱さを表現してみませんか？

「じつは、それ苦手なんだ」「できるか心配だな」と言えたら、そして「どうしたらいいと思う？」と相談できたら、どんな気持ちになりそうですか？

凛としたあなたに柔軟性がプラスされ、本物の強さが身につきそうですね。

自信満々に見えるあなたより、ときに弱みを見せてくれるあなたのほうが、もっと素敵です。「この人でも怖いと思うことがあるんだ」と、一気に好感度アップ！　好感度を上げるのが目的ではありませんが、あなた自身が今より楽に、よりしなやかになり、人間関係も良くなれば、まさに一石三鳥です。

振り返って、あのときそんな感じだったかなと思うことがあれば、ヒントになります。

◇Wさんになら少し弱い自分を見せられるし、そういうときは楽に感じた。
◇好きなこと・得意なことを楽しんでいるときは、自然体でいられる。
◇無理し過ぎて体調を崩したことがあり、「何か変えないといけない」と思った。
◇「ムダなプライドは捨てたら？」と言われショックだったが、ホッとした。
◇タフと思っていたX子が、「参った」と言うのを聞いて、親しみを感じた。

今すぐ始められること

人に相談できたことを書き出す

相談したり、SOSを送ったりと、必要なときに人の力を借りることができるのは素晴らしい能力です。それができたときの状況を書き出し、次に生かしていきましょう。

迷ったときは楽で楽しいほうを選ぶ

強がりやさんにはこれが大事。「～ねばならない」ではなく、「～したい」ほうを選んでみてください。心から楽しそうなあなたはもっと素敵に見えます。

宇宙に一人しかいない自分を大切にする

その仕事（役割）はほかの人でも代われますが、あなたの代わりはいません。調子を崩す前に、早めにＳＯＳを出すか、誰かに相談しましょう。あなたの強さを、そこに使ってください。

「本物の強さは弱みを見せられること」〈魔法の言葉〉

弱さがあるほうが、互いに支え合い、感謝し、存在価値を感じることができて幸せです。得意・不得意の両方を持っているそのままのあなたが最高です。

ありのままを見せることで良い人間関係を作る

来週中に、Ｗさん以外の人にも弱い自分を見せてみてください。良い関係を築くには、あなたの弱みが強み。大丈夫、安心して見せましょう。

37 ついつい先延ばしにしてしまう

テレビを見てからやろうと思っているうちに、寝る時間。「朝、早く起きてやればいいや」と思ったけど寝坊しちゃった。そんな毎日を繰り返しているうちに、やることが溜まってくる。それでも、「今日は疲れたから明日」なんて思っていると、結局やらずじまいだったり、充分にできなかったり……。

そのうちに、さすがにまずい状態になってくるけれども、そうなると、ますますやる気が失せて、「やらなきゃ」と頭では思うのに、テレビを見たり、友達と長電話をしたりして、行動に移せない。

ここまでくると、焦りと諦めが半分半分。だんだん「どうでもいいや」という気分になってきます。ここで「やっても意味ない」と本当に諦める人と、

「もうやるしかない！」と涙ながらに猛ダッシュで頑張る人に分かれます。

どちらにしろ、何だかすごく疲れる状態。これはほとんどの方が経験しているはずです。私たちみんな仲間です（違う方がいたらごめんなさい）。

あなたの宝物

あなたは、よほどのことでないと、あくせくキリキリしない人。度胸があり、楽天的です。「少し延ばしても何とかなる」と余裕。焦ったり思い詰めたりして、心身の調子を崩すこともありません。とても健康的ですね。

「そんなに頑張らなくてもいいや。何事も合格ラインすれすれでＯＫ」と、適度に手が抜けるあなた。そのおおらかさや自由さを、うらやましく思う人がたくさんいます。

「狭い日本、そんなに急いでどこへ行く」という標語があったくらい、この国の人たちは忙し過ぎ。「カローシ（過労死）」という言葉が、世界でそのまま通用するくらいです。頑張り過ぎの人だらけで、一生懸命やってはいるけど、楽しくない毎日を送っている人がゾロゾロ。でも、これって変ですよね。

心豊かに暮らすには、好きな本を読む、たっぷり睡眠を取る、疲れていたら休む、音楽を聴いて楽しむ、気の合う人とゆったりおしゃべりをする——こういうことのほうが、よほど大事。スローライフですね。

怠けるというのは、幸せに生きるための貴重なワザなのです。

それでも変わりたいのなら

ただ、先延ばしにしている間、楽どころか、焦りで気が滅入ったり、後で「早くやっておけば良かった」と悔やむことが多いのなら、あなたがもっと楽しく暮らせるように、少し何かを変えたほうがいいかもしれませんね。

どんなふうになったら、楽そうですか？

週に一回でも、「今日やることは終わったし、明日の準備もしたから、映画でもゆっくり観ようか。それとも、週末のプランでも考えようか」なんてできたら、どんないいことが起きそうですか？

リフレッシュした頭で仕事の企画書もうまくまとめることができ、達成感が感じられそう。何より、焦るストレスから解放され、ゆったりさっぱりいい気分。同じテレビを見ても、何倍も楽しめるのでは？

今までにも、そのような経験、あったはずですよ。

◇忙し過ぎると怠けるが、時間に余裕があると取りかかりやすい。
◇外国人と仕事をしたいと思ったときから、英語の勉強だけはしている。
◇家族に「今日は机周りをきれいにする！」と宣言したら、実行できた。
◇大好きなコーラスの練習の日は、朝からテキパキ動ける。
◇Yさんにじっくり話を聴いてもらうと、元気が出て、行動できる。

今すぐ始められること

していることを書き出し、不要なものはやめる

人生を楽しむのに不必要なことは、バッサリ省きましょう。時間の余裕と心のゆとりができ、大事なことに心置きなく取り組めるようになります。

夢・目標を書き出し、できることから取りかかる

自分が望んでいることですから、自然とやる気になり、それほど先延ばししないでできるはずです。そういう自分を見て、自己イメージをプラスに変えましょう。

週一回「さっさとやる日」宣言をする

宣言することで、周りの力も借りながら、何か一つやりやすいことでチャレンジしましょう。できたときの楽しい気分をイメージするといいですね。

「一度きりの人生、好きなことを楽しんで生きよう」〈魔法の言葉〉

好きなことをリストアップし、予定に「お楽しみプラン」を入れましょう。気分が良くなるので、脳内のホルモンバランスも良くなり、自然と「すぐやる自分」になれます。

わかってくれる人に、じっくり話を聴いてもらう

話を聴いてもらうことは、ストレスを軽くするのに絶大な効果があります。ストレスが減ると、あなたが本来持っている行動力がよみがえってきます。

38 焦ってパニックになりがち

「ヤバイ！ レポート明日までだった。もう間に合わない!!」「大事なカード、なくしちゃった。どうしよう!!」「急に話せと言われても無理！ 頭真っ白」。こんな具合に、私たちは日々たくさんのパニックに見舞われるもの。

胸はドキドキ、息はハーハー、手には汗、足は震え、お腹まで痛くなってきて、もうこの世の終わりのような気さえします。慌てまくるばかりで、何もできません。

あなただけが特別なのではありません。焦る度合いや場面は多少違うかもしれませんが、ハプニングが起きて、冷静に対処できないときがあるのは当たり前です。

ただ、一度そういう経験をすると、「またあんなふうになるのでは」と不安になり、経験したパニックを何度も思い起こしてしてしまったりします。それがしょっちゅうだと、心も身体も疲れてしまいます。

あなたの宝物

あなたはとても真面目。規則や常識をきちんと守ろうとする意識が高いのです。だから、規則や常識と少しでも違うことが起きると、「大変なことになってしまった！」と大慌てするのです。

このイヤな感覚を味わいたくないので、普段から注意深く暮らしています。「カードは絶対なくさない」「人には絶対こんなことは言わない」「提出期限は必ず守る」など、準備万端整えて暮らしています。

予測を立てて、それに沿うように進んでいくことが得意です。そのおかげで安心感が得られ、困った状態を回避することができるので、みなが望む安全・安心な毎日を手に入れることができています。

その分、予期しないことが起きたときは驚いて、どうしたらいいかわからなくなるのですが、それでも持ち前のきちんと対処する能力で、何とかその場を乗り越えていけます。

普段しっかりしている分、焦っているあなたはチャーミング。周りはホッとしたり、今まで以上の親しみを感じたりするのですが、気づいていましたか？

それでも変わりたいのなら

「そんなこと言われても、今のままだとつらい」と思う方は、少し工夫をしてみましょう。

確かに、焦りまくりの状態がしょっちゅうだったり、「取り返しがつかないのでは？」という不安感があまりに強いと、毎日が苦しいですものね。

さて、あなたは、どうなったらいいと思いますか？

「遅刻だ、どうしよう！」と思ったとき、「まず連絡を入れて、お詫びと連絡事項を伝えよう。メイクは最小限にして早く出よう」と思えたらどうでしょう？　あなたの気分や、相手への影響はどうでしょうか？

いつもより身支度も早くできそうだし、心から謝ることができれば、取り返しがつかないことなど、絶対に起きません。生きてさえいれば、何とでも取り返しがつくのです。今までのあなたも、そうだったでしょう？

◇運動会の百メートル走の直前、思わず深呼吸したら、ちょっと楽になった。
◇最終新幹線に乗り遅れて焦ったが、駅員に聞いたら、深夜バスがあった。
◇パスポートをなくしたとき、知人に相談したら、落ち着いて行動できた。
◇「生きてるだけで丸もうけ」という言葉を聞いたとき、すごく安心した。
◇待ち合わせに遅れたとき、相手が優しい人だったので、焦りが少なかった。

今すぐ始められること

深呼吸、腹式呼吸をする

焦っているときは、呼吸が速く、浅くなっています。意識的に深く・ゆっくり呼吸すると、副交感神経が活躍して、気分が落ち着いてきます。簡単だけど、効果抜群！

急場に備えた行動リストを作っておく

連絡する、謝る、病院に行く、確かめる、尋ねるなど。まずそのリストを見て、できることを行動に移します。解決への一歩と気持ちの安定の両方が手に入ります。

焦り始めたらすぐ相談する

焦り過ぎると、ＳＯＳを出すことも忘れてしまいますが、そういうときこそ意識して、なるべく早く誰かに相談しましょう。気持ちが楽になります。

「生きてさえいれば何とでもなる」と唱える〈魔法の言葉〉

私のお勧めはこの言葉ですが、ぴんとこなければ、あなた専用の魔法の言葉を決めて、いざというときだけでなく普段から唱えましょう。効きますよ。

相手の良さを感じて良い人間関係を作る

相手との関係が良ければ、同じ困ったことが起きても、慌て方が少なくてすみます。具体的に対処しやすくなり、安心して暮らせるようになります。

39

迷ってしまって決められない

「自転車で行こうか、歩こうか」「カレーにするか、シチューにするか」「会うか、会わないか」「就職するか、しないか」。毎日、どうするべきか迷うことばかり。「生きること」イコール「迷うこと」なのかもしれません。

今の時代は選択肢が多過ぎて、どちらがいいのか、どれが一番いいのか、訳がわからなくなりそうですね。

一昔前までは、「決められたレールに乗って生きれば幸せ」と思われていたので、自由度は低くても、あまり迷う必要はありませんでした。でも、今はもう決まったレールはありません。一人ひとりが個性に合わせて、自分らしい生き方を選べるようになりました。

最高に幸せなことですが、私たちはまだ慣れていないので、日々小さなことから大きなことまで、迷いに迷うのです。恵まれたこととは思うけれど、疲れますね。

あなたの宝物

慎重に、誠実に、何が一番いいのかを深く考える人ほど、余計に迷うのです。たとえば、友達に会うときのファッション一つをとっても、「スカートかパンツか」「流行のファッションか、それとも自分の好きなスタイルか」、さまざまな角度から丁寧に検討に検討を重ねます。想像力が豊かな人は、何を選んだときの状況もイメージできるので、迷いはさらに深まります。

でもその分、自分の好みを活かしつつ、その場にぴったりで、相手に良い印象を与える素敵なおしゃれができるのです。迷った甲斐がありますね。

さらに、あなたが素敵なのは、迷ってでも自分でじっくり考えるところです。初めから人任せにして、「今日は何を着たらいいか決めて」とは言いません。

自分の生き方だったらなおさらです。無責任に人任せ・常識任せなんてありえません。

自分で選ぶことの大切さを知っているからこそ、あなたは迷うのです。

そういうあなたですから、危ない話に引っかかることもありません。じっくり迷って、危険を回避できます。着実に実り多い人生を送れる人です。

それでも変わりたいのなら

でも、「迷うのは疲れるし、早く決めてと急かされると焦っちゃう」のなら、楽になるためにできることを探してみましょう。

さて、あなたは、どんなふうになれたらいいなと思いますか？

何事もいざやってみると、想像もしなかったことが起きるもの。だったら、迷うのを早めに切り上げて、「とりあえず、こうやってみて、その先はそのときに考えよう」というのはいかがでしょう。そうできたら、どんないいことがありそうですか？

百回考えるより一つ行動してみるほうが、現実にどうなるかがわかり、必要なら早めに軌道修正ができます。迷うストレスが減り、身も心も軽くて柔らかい感じになりそう。迷っているだけでは得られなかった、思いがけない発見や出会いもあるかもしれません。

きっと、今までも、これに似た経験が少しはあったはずですよ。

◇進路などの重大なことは迷うけど、ラーメンや映画なら平気。
◇山と海なら断然海が好きなので、旅行プラン作りでは迷わなかった。
◇カラーコーディネートには自信があるので、洋服の組み合わせはあまり迷わない。
◇どうしてもデジカメが欲しかったので、迷わずバイト代を貯金に回した。
◇Zさんに「絵より歌のほうが向いてるよ」と言われて、迷いが吹っ切れた。

今すぐ始められること

「迷っていいこと」と「迷う必要のないこと」を書いて区別する

大事なことは人に相談しながら心ゆくまで迷い、それ以外はサラッと決めたり、みんなと同じでもいいですね。迷うことが減って楽になります。

好きなことを書き出す

好きなものだけでなく、好きな生き方、考え方、過ごし方なども書き出してみましょう。何が好きなのかがわかっていれば、迷いが少なくなります。

自信のあることで迷い過ぎない練習をする

収納、節約、卵料理、イラスト……得意分野については意識的に迷いを減らし、「私、決断力あるみたい」という感じを充分に味わいましょう。

やりたいことを書き出し、できることから実行する

自分の願望を掘り出し、気づき、実践の優先順位をつけます。後は、その順番通りに実行するのみ。きっと、迷い過ぎない自分に出会えます。

信頼できる人に相談する

率直に相談することが良い人間関係を作ります。人の言いなりは困りますが、アドバイスを上手に取り入れて、余分な迷いを避けるのは賢い知恵です。

40 すぐカッとなってキレてしまう

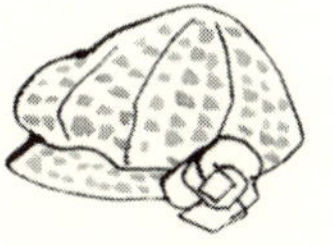

誰でも、疲れきっていたり、我慢に我慢を重ねていたり、ストレスが溜まっていたり、精いっぱい頑張ったのにわかってもらえないときなど、やたらに腹が立って、自分でも驚くほど頭に血が上ることってあります。

朝からイヤなことばかり。雨のなか、濡れながら自転車でバイト先へ。特別忙しい一日で、ミスをして店長にさんざん怒られた。取り寄せた本を楽しみに、疲れていたけど帰りに遠回りして買いに行ったら、まだ届いていない。がっかりしつつ家に帰ったら「遅い」と怒られたその瞬間、一日のつらさ・悔しさが押し寄せてきて、「うるさーい!」と怒鳴っていた。お母さんが「どうしたの、そんなに怒って」なんて言うから、もっと火がついて……。

この気持ちもよくわかります。でも、あなたは「怒りっぽい自分がイヤ。どうしたら直るのかな」と反省するのです。

あなたの宝物

カッとなるのは、あなたが大変な状況のなか、どれだけ頑張ったか、我慢したかの証拠です。物事がうまくいっていて、努力も報われていたら、あなたは簡単にカッとなるでしょうか？　そんなことありません。

あなたは人一倍感受性が鋭く、悲しみや淋しさを深く感じます。でも、それを心の奥に押し込めて、愚痴や不満を言うこともなく、辛抱強く耐えてきました。正義感も強く、許せないと感じることも多いけれど、怒鳴りたい気持ちを抑えて、じっと我慢してきました。責任感も強く、誰も認めてくれなくても、誠実に黙々と努力してきたこともたくさんありました。

そして、抑えてきたものが限度を超えたとき、思わずカッとなったのですが、それまでの事情を知らないと、まるで小さなことですぐに腹を立てる人のように見えるのです。

自分でもびっくりするほど怒り方が激しくて、自己嫌悪に陥ってしまうこともあるくらい、あなたは一本気で真面目です。

あなたの怒りで、周りの人がやっと本気になったり、大事なことに気づいたり、反省したりすることも珍しくありません。あなたが「悪者役」を引き受けてくれるので、全体としては成長して進んでいけるのです。

それでも変わりたいのなら

ただ、カッとすることがあまりに多いとしたら、あなたがつらいでしょうし、ストレスが溜まっていることの現れです。また、キレることが多いと、文字通り人間関係を切ることもありますから、何か工夫してみましょう。

我慢し過ぎずに自分の思いを伝えられ、頑張り過ぎずに、休養を取ったり楽しんだりできたら、あなたの毎日はどんなふうになりそうですか？

たとえば、バイト先で後輩がコップを割ったとき、「気をつけないとダメじゃない！」と怒っていたのが、疲れていなくて気分の良いあなたなら、どんなふうに反応するでしょう？　「ケガがなくて良かった。これからは気をつけてね」と、穏やかに受け止められ、適切な対応ができそうですね。そういう自分を見て、一層気持ちが落ち着くかもしれません。

今までにも、それに少しでも近い経験があったら、参考になります。

◇カラオケで大声で歌うと、かなりスッキリする。
◇怒りっぽかった父が、定年後に穏やかになった。ストレスのせいだったんだ。
◇楽しいことのすぐ前や後では、あまりイラつかず、キレることが少ないかも。
◇充分寝た後は、何かあっても割と冷静でいられる。
◇自分の思いを充分に聴いてもらえると、気持ちがスッキリして落ち着く。

今すぐ始められること

大声を出して発散する

一人のときに、「何で私ばっかり！」「もう頭にくる！」「許せない！」と、お腹の底から怒鳴るとスッキリします。ただし、時と場所には注意して。

忙し過ぎる毎日を見直す

毎日していることを書き出し、人に頼めるものは任せ、削れるものは全部削りましょう。そして、ゆっくりとした時間と気持ちを取り戻しましょう。

好きなこと・楽しいことを生活の中心に置く

脳内ホルモンの状態が良くなり、気分も考え方もプラスになります。腹式呼吸にも同じような効果があります。

充分な睡眠をとり、適度な運動をする

身体に優しいだけでなく、心の疲れもほぐす特効薬。血糖値が急激に変化しないよう、バランスの良い規則的な食事も大切です。

信頼できる人に気持ちを話す

イライラが手に負えなくなる前に、信頼できる人に話しましょう。少し気が鎮まったら、心を込めて聴く練習、自分の気持ちを落ち着いて表現する練習を始めましょう。

part 2

毎日を気分よく過ごす 4つのヒント

1 幸せな「良い循環」の作り方

◎幸せとは「気分が良いこと」

「気分」とはつかみどころのない、ずいぶんとアバウトなものですが、これほど私たちの幸せに直結しているものはありません。

なぜなら、「幸せって何?」の究極の答えは「気分が良いこと」だからです。

これは単に気のせいではなく、科学的にも明らかです。気分がいいとき、私たちの脳のなかでは、βエンドルフィンなどの快感ホルモンが分泌され、幸福感を感じたり、大丈夫と思えたりします。

また、神経伝達物質のドーパミンもほどよく働いて、もの覚えがよくなる、やる気・アイデア・勇気が湧いてくる、考えがまとまる、身体が軽くなってテキパキ動ける――という心地よい状態になれるのです。さらに、ナチュラルキラー細胞も活性化するので、病気にかかりにくく、かかってもすぐに治り、体調も万全です。

幸せな効果がたくさんありますね。そんな自分を見ると、「私、いい感じ」と思えるので、さらに快感ホルモンが分泌され、良い循環が生まれます。自分で自分のエネルギーを作り出す「自家発電状態」になれるのです。

一方、気分が悪いときはどうでしょう？

気分が悪いと、毒性ホルモンが分泌され、イヤな緊張感や焦燥感を感じます。ドーパミンの分泌は抑えられるため、ものが覚えにくい、落ち込む、イライラする、堂々巡りで考えがまとまらない、やる気が起きない、体調が悪いなど、心身ともにつらい状態になります。

すると、思うようにいかない自分を責めてしまい、それでまた毒性ホルモンが出る、という悪循環を起こしてしまうのです。「あらゆる病気の七～八割は、この悪循環から生まれる」とも言われるほどです。

これではいくら「自信を持とう」「前向きに考えよう」「頑張ろう」としても、できるわけがありません。

でも、これはすべて気分の悪さからくる毒性ホルモンのせい。あなたが弱いからでも、ダメな性格だからでもありません。

◎「良い循環」の作り方

では、悪循環に陥らないためには、どうしたらいいのでしょう?

答えは簡単。気分の良い状態を毎日の生活に意識的に取り入れ、良い循環を作り出せばいいのです。否定的に考えるクセがあった人も、良い循環が定着すると、自然と考え方が前向きになり、生きることが楽になります。

「でも、どうすればいいの?」と思った方も大丈夫。ちょっとした工夫で、気分はコントロールすることができます。

次にいくつか例をあげましたので、ぜひ試してみてください。

①何でもいいから楽でホッとできることをする

心地よいこと、好きなこと、楽なこと、楽しいことなら、何でもOK。好きな音楽、映画、美味しいものを食べる、おしゃべり、ドライブ、カラオケ、料理、手芸、昼寝、アロマ、お風呂など、いろいろあります。リラックスが目的ですから、頑張らずに、気軽にいろいろ試してみましょう。

②何でもいいから感動する

感動には大変な癒しパワーがあります。そして、私たちに元気をくれます。ミュージカル・芝居・コンサートなどは、演じる人々の「気」もダイレクトに伝わってきます。映画や読書、美術展や博物館もお勧め。時を越えて働きかけてくる何かがあります。

お花見、ハイキング、キャンプ、海水浴、野菜作り、天体観測など大自然に触れるのも、感動はもちろん、解放感、安堵感、癒しも得られます。

また、ボランティア活動など誰かの役に立っていると思えるときも、快感ホルモンが活性化します。「人助けは自分助け」を実感できるでしょう。

③何でもいいから身体を動かす

身体の疲れを取るには睡眠や休養が一番ですが、心の疲れを取るには、身体を動かすのが効果的。スッキリして元気が回復します。

ウォーキング、ストレッチ、水泳、テニス、ガーデニング、窓ふき、自転車、ヨガ、フラダンスなど、いろいろありますね。腹式呼吸も、いつでも・どこでもできるので、身に付けておくと強い味方です。

④笑う

「笑い」は、心身の健康に絶大な効果をもたらします。大笑いすると、横隔膜が活発に動くので、体内に充分な酸素が取り入れられ、楽しい気分になったり、思考力が高まったりします。自律神経やホルモンのバランスも良くなり、自然治癒力が高まるので、「笑い」は病院でのガン治療にも使われているほどです。

お笑い番組を見る、落語のＣＤを聞く、寄席に行くなどもいいですし、笑えるマンガも使えます。

さらには、誰かにくすぐってもらうのも、最高に効きます。「ちょっと、くすぐってくれる？」。この一言でまず笑って、実際にくすぐってもらってまた笑って。子ども時代に戻ったかのように、無邪気に笑えます。

どうしても笑えないときは、笑顔を作るだけでも効果あり。笑顔の筋肉の動きが、快感ホルモンを分泌するように、脳内に働きかけてくれるからです。「作り笑顔なんて」と言わず、試してみてください。

◎気分をアップさせる「きっかけ」探し

気分がダウンする原因は結構わかるものですが、アップするきっかけはわかっていないことが多いですね。

悪い気分はいつの間にか解消されたと思っているかもしれませんが、解消されるきっかけがあったはずです。自分をよく観察して、気分が上向いたきっかけを探り、有効利用しましょう。

あの音楽を聴く、あの人に電話をする、あの歌を歌う、思いを書きまくる、ちょっと走る、買い物をする、犬の散歩に行く、運転する、深呼吸する、チョコケーキを食べる、シャワーを浴びるなど、誰でも何か持っています。それをすることによって、下降の一途をたどっていた気持ちが止まり、少しずつ上昇を始めます。

傷を負ったとき、適切な応急処置をすることがその後の回復を早めるように、つらくなり過ぎて動きが取れなくならないように、心の傷を無意味に長引かせないために、この「きっかけ」は大切な対処法です。

重要なのは、すぐにできそうなことを五〜六個、頭に入れておくこと。一つだけだと、それを使えない場合、余計にストレスが溜まることがあるからです。いくつか見つけておいて、悪い気分になったとき、使えるものから試してください。きっと今までより早く抜け出せるでしょう。

こうして早めに対処すれば、悪循環にはまることもありません。

さて、気分のコントロール、イメージできましたか？　気分を自分でコントロールできるとわかっただけで、少し気が楽になったのではないでしょうか？取りかかりやすいことを選んで、良い循環作りを楽しんで始めてみましょう。

2 幸せな「人間関係」の作り方

◎良いコミュニケーションが良い人間関係を作る

どんなブランド品より、贅沢な食事より、海外旅行より、私たちの心を満たしてくれるもの。それは「良い人間関係」です。たとえば、

＊お互いの良いところが分かり合えている関係
＊お互いを大切に思える関係
＊弱い部分、苦手なところも見せ合い、飾らない自分でいられる関係
＊遠慮なく相談でき、一緒に喜び、助け合える関係
＊思いや願いが違っても、率直に伝え合い、認め合える関係

＊一緒にいるとホッとして、元気が出てくる関係

こんな関係を築けていれば、つらいことがあっても何とか乗り越えていけますよね。毎日心穏やかに、楽しく、「生きるっていいな」と思えるでしょう。

そんな心地よい人間関係を作るのに大切なのが、「良いコミュニケーション」です。そこには、言葉のやり取りだけでなく、次の①から⑥のすべてが含まれています。

①自分の良いところに気づき、「私っていいな」と思う

一生を通して、一番身近で、一番深く付き合う人は自分自身です。自分のことを認めることができたら、ほかの人とも楽に付き合えるようになります。

まず、「宇宙の果てまで探しても、私の代わりは一人もいない。私はそのくらい大切な存在。生きているだけで充分だ」という真実を、自分自身に言い聞かせてください。何度も繰り返して。

そのうえで、「自分の良いところ探し」を始めましょう。長所、好きなこと、

得意なこと、興味のあること、できたこと、できていること、やってみたいことなどを毎日できるだけたくさん書き出し、自分のプラス面を実感するのです。

欠点しか思いつかないという人は、欠点を反対側から見てみましょう。「神経質」が「感受性豊か」に、「だらしない」が「おおらか」に、「執念深い」が「記憶力がいい」というように、長所が現れてきます。自分が欠点だと思っているところほど、案外、魅力的だったりするものです。

「足りない、できない」と、自分に対してマイナス評価ばかりしていると、いつも自信が持てず、人付き合いも恐る恐る……。それではあまりにもったいない。マイナス面ばかり見ないで、ぜひ公平に自分を見てあげてください。

②相手の良いところを見て「この人っていいいな」と思う

自分のことを認められると、その心のゆとりが相手にも向けられるようになります。相手が自分をどう思うかは相手次第ですが、自分が相手をどう思うかは、自分で調整できます。そのためにも、このゆとりがあるのとないのとでは大違い。

もし、あなたがAさんを「いい人だな、好きだな」と思うと、その思いは確実にAさんに伝わり、Aさんも安心してあなたに好意を持ってくれます。そうなれば自然に良い関係ができてきます。

人間誰しも、良いところもあれば、悪いところ・できていないところもあるもの。相手を「いい人だな」と思うためには、相手の良いところ・好きなところに注目して、書き出してみましょう。無理なく、相手への見方が変わってきます。自分の「良いところ探し」とコツは同じです。

③自分と相手に対する感情（気分）をプラスにする

前項を参照してください。

④相手の話を否定せずに聴く

コミュニケーション上手な人は、聴き上手です。まずは相手の思いを否定せず、丁寧に耳と心を傾けてみましょう。そして、共感できるところは、「うん、わかる、そうよね」ときちんと言葉に出して伝えることが大切です。

意見や思いが違うときは、つい「でも」とか、「そうじゃなくて」と言いたくなりますが、そこでもう少しじっくり相手の思いを受け止め、「そうか、あなたはそう思うのね」と、相手の思いに添って心を込めて聴きましょう。

ここまできたら、もう良いコミュニケーションの八割はクリアです。

⑤自分をオープンにして率直に思いを伝える

といっても、一方的に聴いているだけでは、あなたの思いは心のなかに溜まるばかりで疲れてしまいますね。

伝えなければ、相手も、あなたが何を思っているのかわかりません。場合によっては、伝えないことでつらい誤解を招くこともあります。

素直に自分の思いを伝えることは、とても大切。わからないときは「わからない」「難しい」「困ったな」など、思いをそのまま言葉にすれば充分です。

⑥意見が違うときは話し合って調整する

互いに聴き合い、互いに言い合う――この両方があって初めて良いコミュニケーションが成り立ちます。言葉と思いのキャッチボールですね。

ただし、キャッチボールにもコツはあります。ポイントは「自分の気持ちや考えを、感情的にならずに言葉で表現する」こと。

ワーワー泣く代わりに「そういう言葉はとても悲しい」、イライラしてキレるのではなく「それだといい気分がしないから、やめてほしい」、傷ついて心を閉ざすのでなく「今、とても傷ついた」と、言葉にして伝えましょう。

充分聴いて、相手の気持ちも受け止めた後で、飾らずに、素直に、自分をオープンにすることで、お互いに絆が深まり、強い味方同士になれるのです。

◎我慢や無理はしなくていい

共通点を見つけると親近感が生まれ、良いコミュニケーションが成り立ちやすくなります。でも、いつも同じでなくてはと思うと、どちらかが我慢をして、ストレスを抱え込んでしまいます。一見、トラブルがないように思えますが、長続きしませんし、本当の満足感は得られません。

それより、お互いを大切に思いながら、率直に思いを伝え合えれば、双方にとって一番良い方法が見つかり、良い気分で行動することができます。

たとえば、あなたは山に、相手は海に行きたいと思っているとしましょう。どちらかが遠慮して、本当の気持ちを言わずに相手に合わせてしまうと、最初はいいとしても、いずれはストレスが溜まってギクシャクした関係になってしまうかもしれません。

でも、もしあなたが「そうか、あなたは海がいいのね。海って開放的でいいよね。ただ、私は山に行きたいの」と笑顔で言ったらどうでしょう？

その結果、「今回は別行動にしよう」となっても、「じゃあ、今回は海にして、次の旅行は山にしよう」となっても、二人とも互いの思いを認め合い、伝え合って出した結論ですから、さわやかな気分でいられます。

お互いにますます「この人とは本音で話しても大丈夫。もっと仲良くなりたいな」と思うでしょう。

ときには、どうしても好きになれない人もいるかもしれません。嫌いではないし、長所もわかるけれど、相性が悪い人というのはいるものです。

でも、それはそれでいいのです。そういう相手に対しても、じっくり話を聴き、自分の思いを素直に冷静に語ることができれば、それで充分です。みなを好きになるなんて、できなくて当たり前。相手を好きになれないことで、自分を責めたりしないでくださいね。

◎幸せを運ぶキーワード

最後に、良いコミュニケーション・良い人間関係を作るための「コツのコツ」をお伝えしましょう。

それは、「ありがとう」と「ごめんね」の言葉です。

ほかに何も言えなくても、これさえ素直に伝えられれば大丈夫。二人の信感と絆をぐんと深めてくれる「幸せを運ぶキーワード」。使わないなんてもったいない。

もし、思いを言葉にするのが難しければ、まずはこの二つから始めてみませんか？　思い切ってこの言葉を口に出すことで、目に見えない縛りから解放され、楽になるのはあなたです。

3 幸せな「夢・目標」の育て方

◎夢や目標を持つって素敵！

夢や目標があると、行動的になる、集中できる、勇気とエネルギーが湧いてくる、小さなことにクヨクヨしない、ワクワクする、粘り強くなる、充実感がある、目が輝いて表情も生き生き、お肌もツヤツヤ――といいことだらけ。

そういうあなたはとても魅力的。自然と周りに人が集まってきて、協力してくれたり、役立つ情報やアドバイスをくれたりします。周りからたくさんの知恵と力をもらい、励まされながら、さらにまたもう一歩、夢や目標へと近づいていくことができます。

仮に、実現しなかったとしても、これだけ得るものがあれば万々歳。一生懸命に頑張れた自分を好きになれるし、周りの人に感謝をして良い人間関係を築けたこの経験は、さらに素敵な人生を送るための最高の原動力となります。

◎夢には大・中・小の三つのサイズがある

でも、夢や目標の素晴らしさがわかればわかるほど、「私には夢も目標もない」と、不安に思う人も多いはず。そういう方のために、必ず素敵な夢が持てて、やる気になる方法をご紹介します。

それをお話しする前に、夢にもサイズがあることをご存じでしょうか？　夢は、大きく三つのサイズに分けることができます。

①今日から数カ月で実現できる「小さな夢」

「○○の映画を観たい」など、小さいけれど立派な夢。すぐに実現できるので、いろいろ取り揃えてあると、毎日を楽しく生き生きと過ごすことができます。

ただ、「小さな夢」だけだと、少し物足りなく感じることもあります。

②数カ月から数年かかる「中くらいの夢」

「二年以内に○○の資格を取りたい」というような中くらいの夢は、現実的な目標として、目指すにはちょうどいいサイズです。中くらいの夢があると、とりあえずの行き先が決まって行動がブレなくなり、毎日がピリッと締まります。

③数年から数十年かかる「大きな夢」

「将来、小説家になりたい」というような大きい夢は、そう簡単に手に入らないだけに、自由にイメージできる喜びもあり、人生の方向性が決まる安定感と、それに向かう大きなエネルギー源になります。ただ、大きな夢ばかりだと、実現する喜びを味わいにくいかもしれません。

どのサイズの夢も、私たちの幸せにとって同じくらいの価値があります。大・中・小の夢がバランス良く揃っていると、先にある理想を目指しながら、毎日を充実して過ごせます。

◎オリジナルの「夢リスト」をデザインしよう

いろいろなサイズの夢を持つには、「夢リスト」を作ることをお勧めします。次のように作ってみてください。

①夢（願望）・目標を、大きさに関係なく、五十個以上を目指して書き出す

できるかできないか、簡単か難しいかは考えず、「ツアーコンダクターになりたい」「海外に住みたい」「美味しいパスタが食べたい」「部屋を片づけたい」など、思いつくまま自由に楽しく書き出してください。

友達や家族とワイワイ言いながら行うと、たくさん出てきます。「この人、こんな夢を持ってたんだ」なんて、お互いに意外な発見があって話も弾みます。

五十個以上を目指しますが、この段階では二十個くらい書ければ上出来。

②書き出した夢を、大・中・小に振り分ける

全体を見て、「まず取りかかるもの（小）」「数カ月後にやり始めようと思うもの（中）」「かなり先の夢・目標（大）」と、大まかに分類してみてください。

三つに分けることで、頭のなかが整理されます。

③小さい夢は育て、大きな夢は小分けにする

小さい夢をきっかけにして、大きな夢へと育てることができます。

「美味しいケーキが食べたい」（小）↓「お菓子教室に通いたい」（中）↓「手作りケーキのお店を持ちたい」（大）

また、大きな夢は、小分けにすることで、今日からできることに変わります。

「小説家になりたい」（大）↓「この一年で○○の作品を読破したい」（中）↓「今日から毎日、日記を書き始めたい」（小）

④抽象的な夢・目標は、具体的な行動に書き換える

たとえば、「ミュージカルを観たい」という漠然とした夢だと、あっという間にどんどん日が過ぎていきます。でも「来年○月までに、△△のミュージカルを、□□さんと観に行きたい」ならば、「明日、□□さんに都合を聞こう」「都合がわかれば、今週中にチケットの予約をしてみよう」と具体的な行動が起こしやすくなります。これなら、実現の可能性もぐんと高まると思いませんか？

「自信を持ちたい」という抽象的な夢も、「ハッキリ挨拶できるようになりたい」「英語のスピーチ大会に出たい」というように具体的な行動に変換すると、

取りかかりやすくなります。

「いい人になりたい」「尊敬されたい」「自立したい」なども同様です。

⑤リストアップした夢（願望）・目標を眺める

「夢リスト」を見ると、「私ってこういう人だったんだ。いろいろな夢があるんだな」と、自分の個性・傾向がわかります。しかも、嬉しいイメージで。

さて、いくつリストアップできましたか？　五十個もないという方も、焦らないで大丈夫。テレビ、本、おしゃべり、マンガ、インターネット、映画……どこにでもヒントは転がっています。少しずつ増やしていってください。

◎いよいよ実行です！

さあ、世界で一つだけの、あなたオリジナルの「夢リスト」が完成しましたね。素晴らしい！

小サイズのなかから、「これならできそう」というものを選び、早速、実行に移してみましょう。実行できたら、また別のできそうなものに取りかかります。そうやって次々に実行していくと、「夢は実現するものだ」という達成感と自信を実感することができます。

どんなに小さな夢でも、実現したら素直に喜び、実現できた感触を充分に味わいましょう。それが次に進むエネルギーとなり、気がつくと中サイズの夢にも自然と取りかかれるようになります。

現在、大きな夢が見当たらなくても、心配せずに、小さい夢を楽しむところから始めましょう。そのまま楽しんで生きていければ、それで充分ですし、もしそれが大きな夢に育ったら、それもまたよしです。

大切なのは、「ねばならぬ」という義務感からの目標ではなく、あなたが本当に好きなこと・やりたいこと・楽しめることで夢リストをデザインすることです。そういう夢であれば、自然と実行したくなります。

また、「決めたからにはやらなくちゃ」という思いも、夢リストを義務にしてしまうことになります。夢リストに縛られては本末転倒。いくらでも、どの時点でも、軌道修正は自由です。

4 幸せな人生は「受け止め方」次第

◎何が「受け止め方」を変えるの？

同じ出来事でも、非常にダメージを受ける人、平気な人、かえってやる気が湧いてくる人と、「受け止め方」は人によってさまざま。また、同じ人でも、そのときどきで受け止め方が違ったりもします。

どうせなら、なるべく楽しい受け止め方をして、幸せな人生を送りたいものですが、それにはどうしたら良いのでしょうか。

たとえば、会社の先輩から、「ミスしないように、これからは丁寧にやってね」と注意されたとします。そのとき、受け止め方に影響を及ぼすのは、どのようなことでしょう？

①心と身体の状態や相手との関係

気分が良いときなら、あなたは冷静に受け止められるでしょうし、反対にストレスが溜まっていたら、とても傷つくかもしれません。前日ぐっすり眠って体調が良ければすんなり聞けるかもしれませんが、頭痛がひどかったら、耐えられないかもしれません。また、普段からその先輩と良い関係なら、素直に気をつけようと思えるかもしれませんが、関係の悪い相手なら、ムッとする可能性が高いでしょう。

このように、「自分の心と身体の状態」や「相手との関係の状態」の良し悪しが、受け止め方に大きな影響を及ぼします。

②自分の価値観や考え方

いつも自信がなく、「ミスをしたら大変」と思っている人は、注意されると深く傷つきますが、「私なりに精いっぱいやっている」と思っている人は、素直に「もっと気をつけよう」と思えます。

「仕事は完璧でなくては」と考える人は、「恥ずかしい。もうやっていけない」と自分を責めますし、「人間だからミスがあって当たり前」と考える人は、自分を責め過ぎずに「申し訳ない、もっと丁寧にやろう」と思えます。

また「先輩は私を嫌っている」と思っている人は、「私にばかりきつく当たって！」と怒りが湧いてきますが、「先輩と私は良い関係だ」と思っている人は、「仕事の注意であって、私を嫌いなわけではない」と冷静に受け止められます。さらには「私のことを考えて言ってくれたんだ、ありがたい」と、感謝さえするかもしれません。

このように、普段からの考え方一つで、物事の受け止め方がいろいろと変わってくるのです。

◎**「受け止め方」があなたの人生を作る**

同じ出来事に遭遇しても、傷ついたり、落ち込んだり、カッとするよりも、素直に反省したり、感謝できたりするほうがずっと幸せであるのは、言うまでもありません。

物事の受け止め方は、そのときだけでなく、後々の人生にも影響を与えます。

たとえば、先ほどの例で、マイナスに受け止めた人（とても傷ついた、腹が立った、自分を責めたなどの人）は、どのような表情や態度になるでしょうか？そして、どんな行動を取るでしょうか？

硬い表情でつらそうに返事をしたり、怒りを押し込めながら不愉快そうな態度を見せるかもしれません。仕事を続けても「またミスしたら」と思う不安や先輩に対する怒り、「私ってダメだな」との落ち込みが続き、集中力がなくなってさらにミスをしたり、やる気もなくなって、先輩との関係はさらに悪くなりそうです。

それでは、プラスに受け止めた人はどうでしょう？

心から反省しているので、「はい」という返事にも心が込もっています。対立する様子や悲壮な感じはなく、自分のペースでベストを尽くします。ミスも減り、ゆとりも出てきて笑顔が増えるので、周りの人との関係は自然とさらに良くなり、自信をつけていきます。

受け止め方一つで、こんなにも違いができ、それが積み重なると、人生そのものも「とても楽」と「とてもつらい」ほどの開きができてきます。

幸せな人生を送るために役立つ受け止め方を、ぜひとも身につけましょう。

◎幸せになれる「受け止め方」の秘訣

では、物事をプラスに受け止めるには、どうしたらいいのでしょうか？

まずは、受け止め方に影響を与えることを、良い状態にしておく必要があります。次のことを意識してみてください。

＊心のストレスケアをする
＊身体のストレスケアをする
充分な睡眠とバランスの良い食事（できるだけ自然食品がおすすめ）。大自然に触れること。適度に身体を動かすこと。そして腹式呼吸をすること。
＊周りの人との関係を大切に

同じ出来事でも、相手との人間関係次第で、受け止め方が違ってきます。

＊自分を幸せにしてくれる考え方をする

この本には、幸せな受け止め方ができるようになるためのものの見方・考え方を、すべてのページに書きました。どうぞ参考にしてください。

◎幸せに生きる秘訣の、そのまた秘訣

物事の受け止め方が、ごく自然にプラスになる良い方法があります。ぜひお勧めしたいのが、「良いこと日記」です。

普段使っている手帳の端っこでもいいですし、お気に入りのノートを一冊用意してもいいでしょう。そこに、毎日少なくとも十個（最初は三〜四個でもOK）、「その日の良かったこと」を書き続けてください。

イラストを描いてもいいですし、写真を貼っても楽しいですね。それを話題にして誰かと話すと、なお効果的です。

「毎日、そんなに良いことなんてないよ」と思われる方、こんなふうに考え方

を変えてみたらどうでしょうか？

「雨が降って、自転車ではなく駅まで歩いたので、いい運動になった」

「遅刻したが、諦めずに何とか参加できた。よく頑張った、私」

「お金がなくてお昼は公園でパンと缶コーヒーだったけど、花壇の花がきれいだった」

「高熱が出たので、体内の悪い菌がやっつけられた」

「パソコンが壊れたので、久しぶりにハガキを書いて楽しかった」

これを毎日続けていくと、「大体のことに良い面がある」と実感できるようになり、物事を自然にプラスに受け止められるようになっていきます。

試行錯誤を英語で言うと「trial and error（トライアル・アンド・エラー）」ですが、あるとき、知り合いの女性がこんなことを話してくれました。

「errorというと、いけないこと・マイナスなイメージがありますよね。でも、失敗は成功の母でもあるのだから、私は『trial and happy error（トライアル・アンド・ハッピー・エラー)』と思うことにしています」

失敗を恐れて何もしないでいたり、過剰に反省して毎日を過ごすよりも、試してみて、たとえ失敗しても「happy error」と考えればいいのです。気が楽になるでしょう?

何が起きても、ムダなことは何一つありません。そこから大事な何かを得ることができます。また、「イヤな出来事」と思っていたことが、少し視点を変えるだけで、「○○で良かった」と思えてきます。

そうなったら、生きることが本当に楽で幸せ!

物事や出来事に対する考え方・感じ方には、人それぞれクセがあります。マイナスにとらえがちな人が悪いというわけでは決してありません。

でも、「人生をもう少し楽に楽しみたい」「思い込みグセを直したい」と思ったなら、ぜひ「良いこと日記」を試してみてください。

あなたの人生を幸せにする〈魔法の言葉〉

※本文で紹介した〈魔法の言葉〉をまとめました。

和田由里子（わだ・ゆりこ）

「NPOファミリーカウンセリングサービス」池袋オフィス代表。心理カウンセラー、産業カウンセラー。

東京女子大学英米文学科卒業。英会話学校、YMCAなどで英会話、英検を教える一方、日本語学校でさまざまな国の人に日本語を教える。自ら母子家庭の子育て、長年の介護、相次ぐ身内の喪失を経験し、さらにアルコール依存関連の書籍を翻訳したことがきっかけで、カウンセラーの道へ進む。一度しかない人生を、自分を好きになって、「生きる幸せを感じて欲しい」と活動中。

＊本書は、2006年3月にリヨン社より発刊された『自分に「ダメ出し」をしてしまうあなたへ』を改題し、大幅に加筆修正したものです。

二見レインボー文庫

「自分《じぶん》が嫌《きら》い」と思《おも》ったら読《よ》む本《ほん》

著者　和田由里子《わだゆりこ》

発行所　株式会社 二見書房
東京都千代田区三崎町2-18-11
電話 03(3515)2311［営業］
03(3515)2313［編集］
振替 00170-4-2639

印刷　株式会社 堀内印刷所
製本　株式会社 関川製本所

落丁・乱丁本はお取り替えいたします。
定価は、カバーに表示してあります。

ISBN978-4-576-17047-3
http://www.futami.co.jp/